ubook

O LIVRO das INVESTIGAÇÕES (mais ou menos) SÉRIAS

ALEJANDRA ORTIZ MEDRANO

ubook

Publicado mediante acordo com Editorial Planeta Mexicana, S.A. de C.V. Edição original do livro *El Libro de las Investigaciones Medianamente Serias*, publicada por Editorial Planeta Mexicana, S.A. de C.V.

ubook UBK Publishing House

PRODUÇÃO EDITORIAL BR75 | Clarisse Cintra e Silvia Rebello
COPIDESQUE Aline Canejo
REVISÃO BR75 | Frederico Hartje e Pablo Vilela
PROJETO GRÁFICO E ADAPTAÇÃO DE CAPA Bruno Santos
CAPA Genoveva Saavedra | aciditadiseño
ILUSTRAÇÕES Diego Martínez García
DIAGRAMAÇÃO BR75 | Thais Chaves

Dados Internacionais de Catalogação na Publicação (CIP)
(Câmara Brasileira do Livro, SP, Brasil)

Ortiz Medrano, Alejandra
O livro das investigações mais ou menos sérias / Alejandra Ortiz Medrano ; tradução UBK Publishing House. -- Rio de Janeiro : Ubook Editora, 2020.

Título original: El libro de las investigaciones medianamente serias
ISBN 978-65-5875-007-9

1. Ciência - Miscelânea 2. Curiosidades e maravilhas I. Título.

20-45265 CDD-500

Índices para catálogo sistemático:

1. Curiosidades : Ciência 500

Cibele Maria Dias - Bibliotecária - CRB-8/9427

Ubook Editora S.A
Av. das Américas, 500, Bloco 12, Salas 303/304,
Barra da Tijuca, Rio de Janeiro/RJ.
CEP.: 22.640-100
Tel.: (21) 3570-8150

Aos presentes e futuros
entusiastas das investigações
mais ou menos sérias

SUMÁRIO

PARTE 2: ALIMENTOS

PARTE 3: NATUREZA

INTRODUÇÃO

O *Livro das investigações mais ou menos sérias* (LIMMS) oferece uma resposta científica a cinquenta perguntas que você pode (ou não) ter feito a si mesmo. O objetivo do LIMMS é que as respostas gerem mais perguntas, mas, principalmente, causem risadas, confusão e perplexidade (Ah! E também compreensão, ou pelo menos é o que gostaríamos).

Depois de muitas investigações mais ou menos sérias (mas bastante comprometidas), registramos uma série de respostas nestas páginas, mas ainda permanecem várias dúvidas. Embora nos sintamos confortáveis (e desconfortáveis) com elas, estamos cientes de que a pesquisa científica e o conhecimento humano são construídos a partir de dúvidas. Assim, as incógnitas que restarem serão objeto de estudo para pesquisas posteriores.

No entanto, o LIMMS não tem a intenção de que qualquer de suas respostas seja interpretada como uma verdade inabalável (embora seja razoavelmente plausível). Nosso interesse é dar exemplos de como a ciência gera compreensão

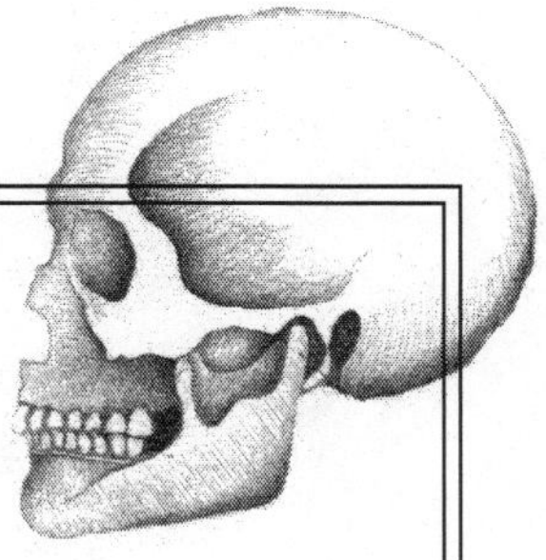

e explicações do nosso mundo sobre as mais diversas questões, desde a razão de ser do cotão do umbigo até a disputa sobre se os gatos são melhores que os cães (ou vice-versa). Se o mundo e seus mistérios fossem um território, a ciência seria um dos mapas para percorrê-lo e encontrar, embora com moderada seriedade, um caminho quase certo.

Por que, no entanto, somos mais ou menos sérios? Como este livro demonstra, quando nos dedicamos a algo com grande compromisso e dedicação, inevitavelmente se perde sua "seriedade". Ao se conhecer e se aprofundar em um tema com gosto, a diversão e o prazer emergem no processo. No caso do LIMMS, as pesquisas científicas despertam alegria, diversão e, às vezes, até despreocupação. E ainda que algumas investigações possam ser transcendentes, muitas outras não são tanto. Para falar a verdade, isso não é o mais relevante. O que se busca no LIMMS é que você, leitor, e, claro, nós, passemos bons momentos. A hipótese é que, ao longo deste livro, esse gosto de que falamos terá chegado a você (ou ao menos é o que indica a evidência preliminar: o ânimo da equipe do LIMMS foi 67% risos, 24% entendimento e 9% perplexidade. Estamos 99% certos de que você se juntará a esses 67%).

AVISO!

Qualquer semelhança com a realidade (não) é mera coincidência. Os dados apresentados aqui se baseiam em informações completamente sérias (bom, mais ou menos...) e em fontes 100% respeitáveis (isso, sim, é sério) — com exceção de alguns poucos personagens que são mais ou menos inventados (mas não todos!).

PARTE 1

CORPO

O QUE É O COTÃO ACUMULADO NO UMBIGO (E POR QUE ELE ESTÁ LÁ)?

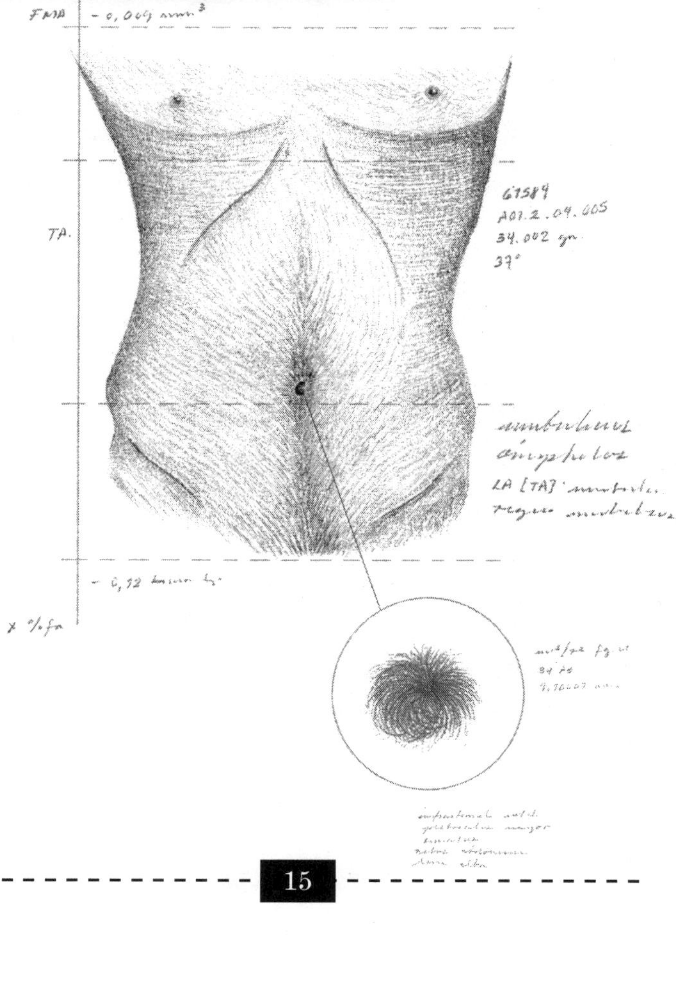

O cotão do umbigo, por que ele existe, como evitá-lo e do que ele é feito têm sido fortes motivações de pesquisa (por dois caras), o que levou grandes mentes a examinar os próprios umbigos.

Ao observar que o cotão aparece mais frequentemente em algumas pessoas do que em outras, o dr. Karl Kruszelnicki iniciou um estudo. O objetivo: investigar os padrões de tal fiapo. Ele recebeu dezenas de respostas, das quais concluiu que o cotão afeta mais os homens, especialmente aqueles com muitos pelos no peito e na barriga. Quanto mais profundo for o umbigo, maior a probabilidade de acumular mais cotão. Portanto, se o cavalheiro em questão não só for peludo como também tiver excesso de peso, o cotão será mais frequente. O dr. Kruszelnicki levou várias noites especulando para descobrir a causa, até chegar à hipótese de que os pelos funcionam como uma espécie de vassoura que prende pequenas partículas de pó, mas principalmente fibras de roupas, e acaba por depositá-las no umbigo.

Para comprovar sua ideia, ele recrutou vários voluntários dispostos a depilar a barriga e coletou amostras da quantidade de cotão que eles acumularam para comparar com um grupo de controle cujas barrigas ficaram peludas. Como era de se esperar, o resultado foi que, quanto mais pelos no corpo o sujeito tiver, mais cotão vai se acumular no umbigo. Outros esforços para contribuir para o entendimento do cotão têm demonstrado, por meio de modelos matemáticos, que o ritmo respiratório é responsável pelo movimento do peito e que, como Kruszelnicki pensava, os pelos funcionam como vassouras que direcionam a penugem para a "tigela" do umbigo.

Ainda havia, porém, o mistério da composição do cotão. Felizmente, outro pesquisador comprometido com seu umbigo, o dr. Georg Steinhauser, decidiu esclarecer a questão. Ele não precisou recrutar voluntários, pois, em um ato heroico, decidiu ser a própria cobaia. Durante três anos, cutucou o centro de seu abdome para coletar o que estava se acumulando ali. Não importava se o doutor tomava banho ou trocava de roupa todos os dias: a penugem continuava a voltar. Ele observou, fez uma bolinha e pesou. Não sabemos se ainda a guarda, mas graças à sua pesquisa sabemos que o cotão do umbigo (ou, pelo menos, o do dr. Georg) pesava, em média, 1,28 miligrama (algo como dois grãos de açúcar, a medida universal para o peso de coisas pequenas), embora houvesse alguns dias em que acumulasse até 9 miligramas (cerca de 14 grãos de açúcar).

O próximo passo na investigação foi elucidar a composição do cotão; a primeira pista veio da cor. Nos dias em que o investigador usava uma camisa azul, a penugem era azul. Nos dias em que usava uma camisa branca, a penugem era branca. As correlações entre roupas continuaram a surgir: se usava camisas velhas, o cotão era menor; se usava camisas novas, o cotão era maior. Com base nessas observações, surgiu a hipótese de que o cotão era composto de fibras de vestuário, particularmente das roupas que tocavam a barriga. As roupas novas liberam mais fibras e estas são puxadas por pelos em direção à "tigela" que forma o umbigo. A etapa seguida para comprovar a hipótese foi, é claro, uma experiência: vestir uma camisa 100% algodão e, depois, analisar a composição química do cotão daquele dia. Ao contrário da hipótese apresentada, o resultado foi surpreendente, pois o cotão não era constituído de 100% algodão.

Graças a muitos cotonetes cutucados em umbigos, sabemos que o material restante que não é roupa consiste em uma mistura de poeira, células mortas, suor e microrganismos, que constituem um dos mais diversificados ecossistemas da Terra. Se todos os umbigos do mundo fossem apenas um ecossistema, ele teria mais de 2.300 espécies. Cada pessoa tem sua própria composição, e até o momento não foram encontrados dois umbigos iguais em termos de diversidade microbiana. Em média, qualquer indivíduo abriga cerca de 70 espécies em tal cavidade, cada uma delas, provavelmente, pensando que é o centro do universo. E, de certo modo, estão certas.

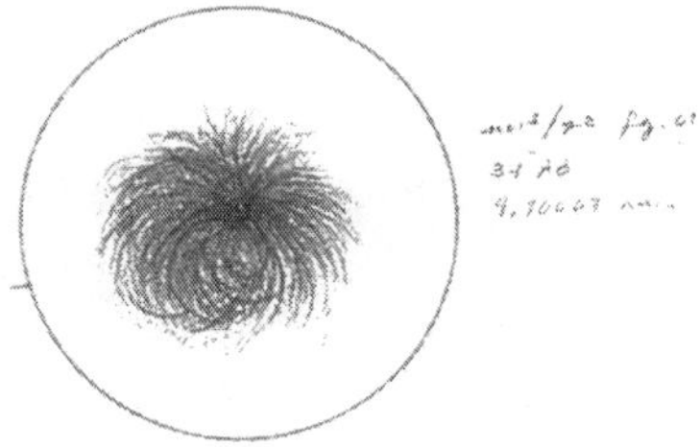

POR QUE FICAMOS ENJOADOS QUANDO LEMOS NO CARRO?

Todos já passaram pela experiência: assistir a um vídeo de quarenta segundos de uma receita muito simples, acompanhando-a à risca, e tudo acabar numa lambança só. O hiato entre expectativa e realidade causa frustração (no intérprete) e risos (nos outros). O cérebro experimenta algo semelhante, com a diferença de que o resultado não são risos, mas vômitos. Muitos deles, no carro.

Sabemos que estamos onde estamos, e não de cabeça para baixo, porque o cérebro integra vários tipos de informação para determinar nossa localização. Visão, tato e ouvido interno são as fontes de informação mais importantes para isso, pois juntos trabalham para criar uma expectativa de posicionamento. Por exemplo, se vemos objetos se afastando rapidamente e sentimos o vento em nosso rosto, a interpretação do cérebro é que estamos nos movendo — criou-se a expectativa de deslocamento. O ouvido interno ajuda a criar e substanciar expectativas, pois apresenta sensores de movimento interno. Assim, complementa a visão e o tato para verificar que estamos, de fato, nos movimentando.

O cérebro está continuamente pegando informações dos diferentes sentidos, e quase sempre todos eles se correspondem. Dessa maneira, as expectativas criadas pelos sentidos coincidem com a realidade ou, pelo menos, se correspondem. Por isso, pensamos que o que percebemos é a realidade. Mas, às vezes, alguns sentidos dizem uma coisa, e outros, outra. Então, a expectativa e a realidade são diferentes.

Quando lemos no carro ou em qualquer transporte em movimento, nossos olhos se fixam em uma folha ou uma tela, o que informa ao cérebro que teoricamente estamos parados. Mas o ouvido interno está sentindo o movimento, especialmente se o veículo passar por colisões, buracos, curvas ou mudanças bruscas de velocidade. O intervalo entre a expectativa e a realidade confunde o cérebro, que liga o botão de tontura, que logo em seguida ligará o botão de enjoo. E, bem, é aconselhável que nesse momento o movimento ou a leitura pare, pois o botão seguinte abre as portas de saída do conteúdo estomacal.

Provavelmente, essa reação corporal ocorre porque, na natureza, antes de existirem livros e carros, o intervalo entre a expectativa e a realidade do movimento se devia, sobretudo, à ingestão de substâncias tóxicas, por vezes conhecidas como psicotrópicas e ingeridas por diversão. No passado, essa diversão certamente foi descoberta por causa de envenenamento involuntário (e pode não ter sido tão divertido). Um dos efeitos do consumo dessas substâncias é a alteração dos sentidos. Acredita-se, portanto, que as náuseas e os vômitos sejam uma reação fisiológica a esse tipo de "irregularidades", cujo objetivo é expulsar do estômago os venenos que levariam à morte.

Na era moderna, se o enjoo acontecer no carro, recomenda-se olhar pela janela para que o ouvido e a visão percebam o movimento e o cérebro desligue os alarmes de envenenamento. Em um barco, a tontura geralmente ocorre em lugares onde não há janelas e se resolve da mesma maneira que em um carro: olhando para o horizonte ou para algum lugar que informe visualmente a existência de alguma oscilação que o corpo possa confirmar.

AVISO!

Se até nos dias de hoje ocorre tal efeito pela ingestão voluntária e responsável de algum psicotrópico, só podemos lembrar que nem sempre tudo é riso e diversão sem um pouco de tontura.

POR QUE NÃO ME LEMBRO DE QUANDO ERA BEBÊ?

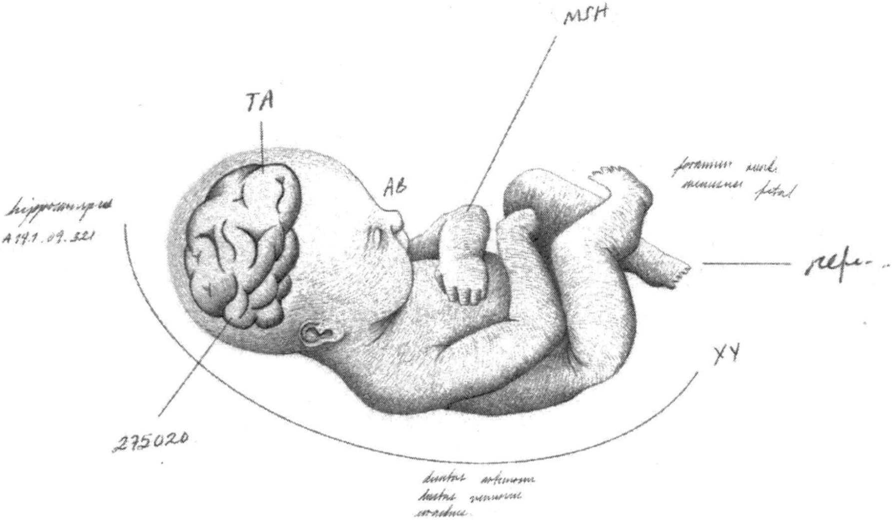

"Sinto uma enorme angústia. Os momentos mais importantes da minha vida, ou seja, os primeiros, foram completamente apagados. Só me resta o que as outras pessoas me contam, e tenho certeza de que estão mentindo. Eles dizem que a primeira palavra que saiu da minha boca foi 'cocô', que eu adorava comer catarro e que a primeira vez que comi chocolate, vomitei — uma série de histórias escatológicas que não combinam comigo. Tudo isso supostamente aconteceu antes de eu ter três anos de idade, por isso argumentam, aos risos, que não consigo lembrar. Realmente não me lembro disso, mas também não me lembro de mais nada do que aconteceu naquela época. Então, o único contra-argumento que me resta é o choro. Quando isso acontece, dizem que, quando eu era bebê, tentava consertar as coisas dessa maneira também. O que posso fazer?"

Em situações como essas, em que outras pessoas evocam memórias de quando éramos pequenos, duas coisas podem ser feitas: acreditar ou não acreditar, mas nunca tentar convencer do contrário, pois é um fato comprovado que a amnésia infantil existe e está presente em todos. A questão que pode oferecer algum conforto é por que isso acontece.

Como muitas coisas sobre quem somos, ela tem sua origem na biologia humana e em nossos pais.

As primeiras lembranças que costumamos ter aparecem depois dos três anos. Dos três aos sete, as que prevalecem são embaçadas e confusas. Entretanto, após essa idade, a memória parece se tornar mais clara. Isso é paradoxal, porque, na verdade, durante os anos de "nevoeiro" ou de ausência de memórias nosso cérebro está em expansão e no auge da sua atividade.

Os momentos em que mais aprendemos são na primeira infância e quando somos bebês, pela grande capacidade do nosso cérebro, mas parece que esta capacidade é acompanhada por uma memória fraca. Ou, na verdade, há pouca memória de eventos e histórias, porque, se os bebês esquecessem tudo o que foi aprendido durante essa etapa, não seriam capazes de melhorar suas capacidades e habilidades, que são a base da aprendizagem.

Muitas pessoas pensam que essa característica infantil está relacionada ao fato de os bebês ainda não terem desenvolvido uma linguagem ou perceberem quem são. Todas essas pessoas estão erradas ou, ao menos, não têm a resposta completa. A hipótese seria lógica se a única coisa que existisse fossem bebês humanos com amnésia, mas o fenômeno em questão ocorre também em outras espécies, como ratos e macacos, que não têm linguagem ou sentido de ser (até onde sabemos).

O que essas espécies têm são cérebros que, de certa maneira, se assemelham aos nossos: nascem bem crus. Ou seja, para elas, há um longo caminho a percorrer antes de alcançar seu desenvolvimento máximo, em particular uma estrutura chamada hipocampo, que, entre outras coisas, é o responsável por gravar eventos autobiográficos.

As memórias são como tecidos de circuitos neurais no cérebro. Para cada evento, há um novo tecido. Quando há um crescimento neural acelerado, como no caso de bebês, os tecidos que se formam tornam-se inacessíveis. Ou seja, as memórias provavelmente estão lá, mas não se consegue chegar até elas.

Soube-se disso com base em experimentos com ratos, nos quais se demonstrou que o crescimento neuronal acelerado do hipocampo está correlacionado com a má memória em longo prazo, e vice-versa. Em outras palavras, ao retardar o crescimento dos neurônios, diminui-se o esquecimento.

Outras espécies, como aquelas cujos cérebros são bastante desenvolvidos, têm pouca neurogênese (produção de novos neurônios) após o nascimento e, portanto, também não sofrem de amnésia infantil. Mas quando a intervenção humana, por meio de injeções, estimula seu crescimento neuronal, esses pequenos animais começam a esquecer alguns dos acontecimentos recentes. Então, se sua primeira palavra foi "cocô" e você não se lembra dela, pelo menos pode ter certeza de que naquele momento seu crescimento cerebral estava no auge.

Por enquanto, essa é a explicação mais plausível para a amnésia infantil, embora se acredite que ela seja combinada com outras situações, nas quais mãe, pai e geralmente todos os adultos que estavam próximos quando você era pequeno podem ser culpados.

Há pessoas cujas memórias mais distantes remontam a quando tinham dois anos, enquanto em outras as memórias mais antigas são aos seis. Também varia bastante quão detalhadas são tais memórias.

A cultura, em particular a importância dada à perspectiva individual da criança sobre os eventos, parece ser a causa. A memória não age como uma simples câmera que registra os fatos; na verdade, apenas permanecem impressos os eventos que tiveram algum significado profundo. Em algumas culturas (ou famílias), costuma-se perguntar às crianças sobre fatos que acabaram de ocorrer — pede-se a elas que conversem sobre como viveram isso. Dá-se uma verdadeira importância às narrações do acontecido. Nesses contextos, as recordações da infância costumam ser mais detalhadas e antigas.

Como consolo, portanto, caso não se lembre desses penosos eventos cheios de vômito e lágrimas, é provável que isso se deva ao fato de que tentaram não dar a eles muita relevância, talvez com o propósito de não lhe causar um trauma, ou para que saísse logo da aflição do ocorrido. E se no presente seu passado infantil é motivo de piadas nas reuniões de família, na verdade, talvez isso não seja o pior.

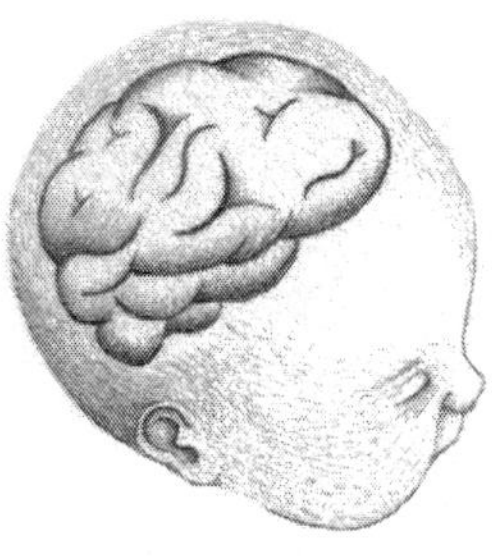

É PRECISO TOMAR BANHO TODOS OS DIAS?

Na reunião de vizinhos, convocada diante da iminente falta d'água, uma questão ocupou mais tempo do que outras. A discussão começou com a pergunta sobre qual recipiente seria o melhor para coletar água e sobreviver sem ela por cinco dias. A resposta é que depende, acima de tudo, de se o banho diário é considerado necessário.

O banho com água e sabonete remove os óleos, a sujeira que sentimos se acumular em nosso corpo com o tempo. O banho varre as células mortas, que, por estarem mortas, nos aterrorizam tanto. Mata bactérias que fizeram um lar em nosso corpo sem permissão. Em resumo, mata tudo o que beneficia nossa pele.

A camada mais externa da pele é formada por coisas que nos deixam aflitos: bactérias e pequenos pedaços de tecido morto. Tanto o microbioma* que vive em nós quan-

* A comunidade de microrganismos que vivem dentro e sobre nosso corpo é conhecida como microbioma ou microbiota. Alguns deles são patogênicos

to a camada de células mortas que temos protegem as camadas mais profundas da derme. A camada externa é mantida no lugar pela viscosidade pegajosa obtida pelas gorduras e pelos óleos ou lipídios que produzimos e que também funcionam como uma cobertura que impede a umidade de desaparecer.

Quanto mais informações são produzidas a esse respeito, mais sabonete é usado e mais banhos são tomados, e essa fina, viva e oleosa, mas também morta camada, fica rachada e danificada. Isso acontece porque o sabonete se mistura com a incombinável dupla química água e óleo. Sabões e detergentes funcionam ao combinar-se com as gorduras, formando partículas que podem ser dissolvidas em água e enxaguadas, algo que não se conseguiria usando apenas água.

Se nos banharmos diariamente com sabonete, não há tempo para a camada externa da pele se regenerar. Consequentemente, precisamos usar cremes e loções corporais por falta de umidade e ficamos mais propensos a infecções e irritações, já que a proteção que tínhamos (tanto bacteriana quanto nossas próprias defesas) foi removida.

e causam doenças, mas muitos outros são benéficos e desempenham várias funções vitais para nós.

Mas, provavelmente, uma das piores consequências é quão ruim o cabelo pode ficar.

Para aqueles que ainda dispõem de cabelo, a remoção da gordura faz com que ele às vezes pareça seco ou oleoso — em ambos os casos, fica com um aspecto ruim. Em algumas pessoas, não se recuperam as gorduras, e isso leva ao ressecamento. Em outros, o couro cabeludo fica confuso e responde à falta de óleos produzindo mais. Para todos, o resultado é de cabelos limpos, porém meio feios, e talvez com uma coceira irritante.

Há, no entanto, coisas piores do que o banho diário — por exemplo, ter sido uma criança que tomava banho diariamente. A menos que uma criança esteja muito suja e malcheirosa, é aconselhável banhá-la uma ou duas vezes por semana, já que seu sistema imunológico está se desenvolvendo. Isso significa que precisa de pequenas doses de infecções para treiná-lo. Essas pequenas doses são fornecidas por microrganismos que vivem no solo, algo que comumente associamos à sujeira e que queremos limpar.

Já para adultos, a frequência dos banhos é uma decisão pessoal. Apesar de não tomar banho diariamente oferecer a possibilidade de um couro cabeludo saudável e uma pele radiante, isso também abre a porta para que ninguém queira se aproximar de seus donos. Em geral, os odores malcheirosos do corpo são compostos oleosos que só podem ser removidos com sabonete. Provavelmente, duas ou três chuveiradas por semana mostram-se suficientes para manter o equilíbrio entre saúde e vida social. Enquanto isso, pode-se calcular a quantidade de água a ser coletada, levando-se em conta que o banho de 10 minutos no chuveiro consome aproximadamente 200 litros, enquanto um banho "tcheco" saudável e higiênico consome apenas cerca de 10.

Como uma grande variedade de recipientes de água, que vão de 5 a 200 litros, pode ser encontrada no mercado, o melhor para coletá-la de acordo com a regularidade dos banhos ainda depende de uma decisão pessoal: duração e frequência.

O ESTRESSE CAUSA CABELO BRANCO?

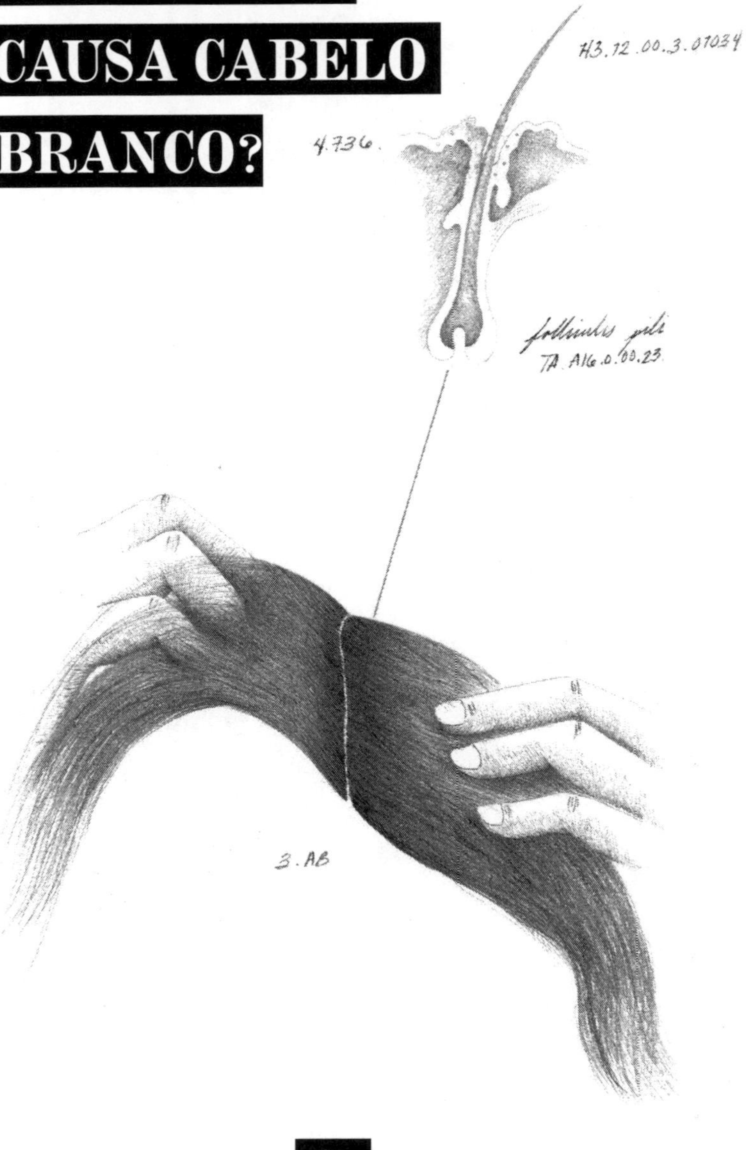

A vizinha jurou que, depois de ver o fantasma do primo, outra aparição repentina se revelou no dia seguinte: sua característica mecha de cabelos brancos. De maneira cínica, seu marido afirma que a mecha foi causada por cuidar de seus cinco filhos e dele mesmo. No entanto, independentemente de um ou outro fato ter acontecido, consideramos que a raiz de ambos está no estresse. Portanto, as duas hipóteses estão erradas.

POR QUÊ?

Os melanócitos são células que produzem pigmento no corpo. Junto à raiz de cada um dos fios de cabelo (ou qualquer outro tipo de pelo) da vizinha, há fábricas individuais de melanócitos encarregadas de fornecer células que pigmentam cada fibra ou cabelo que nasce no couro cabeludo.

Tais fábricas operam em ciclos com o mesmo ritmo de crescimento do cabelo: quando um tufo de cabelo alcança seu máximo, a raiz para a produção. Após alguns meses de espera, o cabelo cai, e a raiz começa outro ciclo construindo um novo. A fábrica de melanócitos também cessa quando o cabelo para de crescer e reinicia o trabalho quando um novo cabelo aparece para ser pigmentado. Só que às vezes a fábrica fecha as portas para sempre.

No caso da vizinha, isso significa que os cabelos estão começando a ficar grisalhos. Em termos mais gerais, quer dizer que os cabelos embranquecem pouco a pouco, num processo em que começam a crescer descoloridos a partir de determinado momento.

Ou seja, não descolore de repente. Portanto, é impossível que o cabelo fique branco da noite para o dia, seja por um susto, seja por qualquer outra questão passageira.

A indústria da beleza e a ciência têm dedicado grandes esforços e vultosas quantias de dinheiro para descobrir quais fatores, além da idade e da genética, podem agir no envelhecimento. Não há evidências de que comida, estilo de vida ou estresse (causado por maridos folgados, patrões pouco amigáveis ou qualquer outro problema cotidiano) afetem esse processo. A menos que o estresse de que se fala não seja manter a casa em ordem e a comida no horário, mas de outro tipo: o estresse oxidativo.

Assim como as pessoas e qualquer coisa viva ficam estressadas, isto é, respondem de maneira particular a estímulos externos que parecem prejudiciais ou ameaçadores, algo semelhante acontece nas células do nosso corpo, que também ficam estressadas.

O estresse oxidativo, também conhecido pelo codinome maligno, "radical livre", refere-se ao dano que as moléculas de oxigênio causam na maquinaria celular: altera os lipídios, as proteínas, as membranas e até o DNA, de modo que resulta em células que não funcionam mais adequadamente. É causado por quase tudo, como respirar ou fumar, e por alguns fatores ambientais, como a poluição.

A boa notícia é que o organismo tem mecanismos de defesa, como as enzimas que neutralizam os radicais livres, impedindo-os de agir sobre as células. Tais enzimas estabilizam as moléculas de oxigênio, por isso recebem o nome de antioxidantes. O ruim é que realmente não há como se livrar deles por completo, porque, com a idade, os mecanismos de defesa vão diminuindo e os radicais livres, aumentando. O resultado da equação é que as estruturas celulares se danificam progressivamente, causando, pouco a pouco, o envelhecimento do corpo.

O envelhecimento capilar se manifesta na forma de cabelos brancos e calvície, e o estresse oxidativo tem, de fato, ação na perda de cor (e de cabelo). Ele acelera o fechamento da fábrica de melanócitos. Provavelmente, esse não é o estresse a que se refere o marido da vizinha ao pedir a ela, numa completa cara de pau, que não descuide da aparência e compre uma tintura.

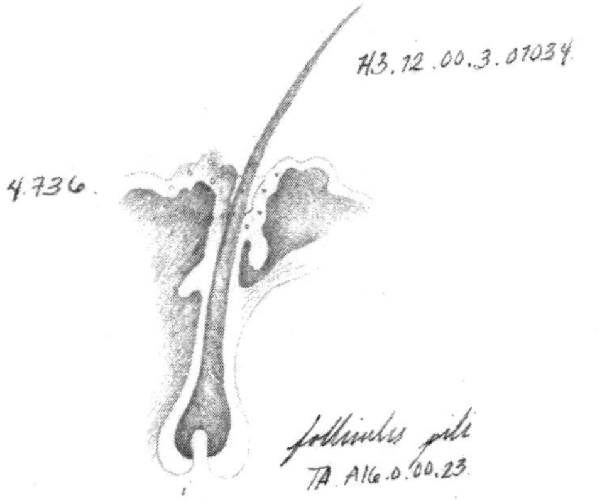

EXISTE O GENE DA INFIDELIDADE?

No LIMMS, seríamos um milhão de vezes mais ricos se aceitássemos todas as propostas que nos chegam para justificar, de modo científico, comportamentos que podem ser reprováveis para a maioria das pessoas, como a infidelidade. Infelizmente para aqueles que nos fazem tais propostas, somos mais ou menos sérios, não faltando com a total seriedade, e sabemos que dar tais justificativas não só seria injusto, como também inválido.

Existem genes para muitas coisas, mas para muitas outras, não. Em particular, não existem questões comportamentais tão específicas quanto a infidelidade, que não é uma característica claramente delimitável, como a cor do cabelo.

Aqueles que afirmam que o gene da infidelidade existe se baseiam em estudos nos quais foram encontradas associações entre promiscuidade (interpretada como tendo mais de um parceiro sexual simultâneo) e algumas variantes de genes envolvendo três moléculas: dopamina, oxitocina e vasopressina (cujas funções merecem mais explicações). As relações encontradas nesses estudos são interpretadas como se significassem que, caso se fosse infiel, uma alta porcentagem (entre 40% e 60%) desse comportamento pode ser explicada pela variante genética.

Isso faz algum sentido, já que a vasopressina e a oxitocina (duas das moléculas mencionadas anteriormente) têm efeitos sobre o comportamento social dos mamíferos. Elas estimulam a empatia, a confiança, o apego sexual e o estabelecimento de relacionamentos ou uniões de longo prazo. A dopamina, por outro lado, é um neurotransmissor que faz as coisas emocionantes serem agradáveis ao cérebro. A lógica de esses genes poderem explicar a infidelidade está no fato de que as variantes "infiéis" seriam menos sensíveis a essas moléculas e, portanto, teriam dificuldade de sentir apego, ligação e excitação, o que as incentivaria a buscar emoções fortes em outras camas.

O problema é que existem várias inconsistências nesses estudos, assim como na maioria daqueles que encontram correlações entre genes e comportamentos complexos. Em primeiro lugar, muitas vezes são estudos que não podem ser replicados. Ou seja, outras pesquisas não produzem os mesmos resultados ou resultados semelhantes. Às vezes, verificam o contrário: associações inexistentes entre genes e infidelidade, por exemplo. Um estudo sem replicação não é suficiente para dizer que um comportamento se mostra determinado ou influenciado por um gene em particular.

Esse problema é tão grande que até a comunidade científica dedicada ao comportamento humano alertou sobre como tais alegações contribuem mais para a confusão do que para o conhecimento (gostaríamos de dizer que o alerta se baseou no conselho do LIMMS, mas a verdade é que fizeram isso por meio de toda uma experiência de campo).

Outras questões problemáticas sobre esse tipo de estudo estão associadas à maneira como se concebem a genética e o comportamento. O comportamento humano, por exemplo, o da parte sexual, depende de muitas influências e interações, como a cultura em que crescemos e vivemos, os relacionamentos que tivemos como exemplo a seguir, a ética, a moral etc. Nesse mar de influências, também há a predisposição genética. Mas, se soubermos que cerca de 50% da população mundial já esteve, em algum momento, em um relacionamento paralelo ao de seu parceiro "oficial" (que não é uma estimativa do LIMMS, e sim um fato real descrito por pessoas muito sérias), e que menos de 10% destas pessoas carregam as variantes gênicas encontradas para explicar a infidelidade (das quais nem todas "chifraram"), então parece que a genética, mesmo que acreditemos que tem um efeito, explica muito pouco desse comportamento.

Embora esses problemas existam em muitos contextos, há abundante literatura e notícias sobre descobertas de genes individuais que explicam comportamentos complexos e tão específicos quanto o empreendedorismo e as tendências políticas. A visão de mundo que essas observações evocam é que os seres humanos não têm poder de decisão sobre seus impulsos e sentimentos, como se nada pudesse ser feito em relação à genética. Isso pode ser reconfortante para algumas pessoas, pois as liberta da responsabilidade e dos encargos. É por isso que tantos recorrem ao LIMMS em busca dessas justificativas.

Infelizmente (para eles), não é o caso: nem a genética, nem o comportamento, nem o LIMMS podem confortá-los.

POR QUE, QUANDO NÃO DURMO, FICO MAL-HUMORADO?

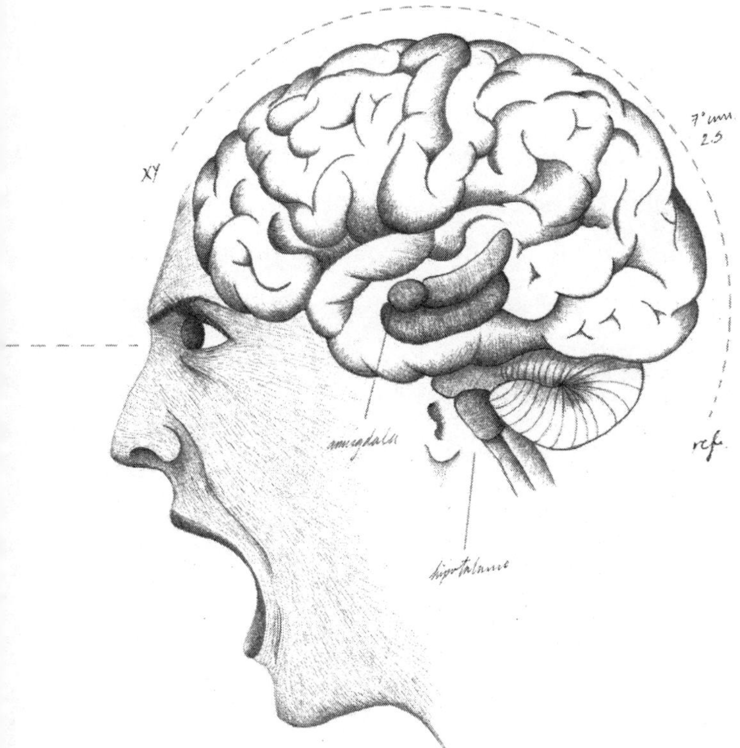

Esta é a história do incrível homem que era querido por todo mundo, exceto depois das noites em que dormia mal, que eram quase todas. Assim, só era incrível às vezes. O resto do tempo era, na verdade, insuportável.

Durante um de seus dias bons, propôs-se a fazer uma investigação mais ou menos séria sobre seu problema: por que, quando não durmo, não sou tão encantador?

Ele iniciou a investigação perguntando para seus conhecidos. Os resultados foram informativos, mas não no sentido desejado. Algumas das respostas que obteve foram:

1. **Porque grita comigo.**
2. **Porque me responde berrando.**
3. **Porque se irrita por qualquer coisa.**
4. **Porque parece que me odeia.**
5. **Por todas essas caras que você faz.**

As respostas lhe tiraram o sono durante alguns dias. Quando finalmente conseguiu dormir bem, deu-se conta de que havia feito a pergunta para as fontes incorretas. O que ele queria saber era por que a falta de sono fazia dele o

Mr. Hyde, de *O médico e o monstro,* e não como outros percebiam essa transformação. Então, começou a investigar.

Responder grosseiramente, "descompensar-se" e grunhir ante o incômodo mais insignificante podem ser atribuídos a uma pequena parte do cérebro chamada amígdala. Essa estrutura, do tamanho de uma amêndoa, é capaz de nos controlar completamente ou, por outro lado, nos deixar fora de controle. Ela tem papel essencial no processamento das emoções, sobretudo as aversivas, como o medo e a raiva. Uma amígdala altamente reativa e perturbada (que, muitas vezes, é produto de estresse contínuo) provocará comportamentos que respondem a essas emoções, o que, em geral, torna as pessoas intoleráveis a si mesmas e aos outros.

Há momentos, porém, em que, mesmo diante de estímulos negativos e emoções aversivas, a pessoa se controla, responde com calma e pode lidar com qualquer acontecimento em paz. Quando a amígdala trabalha em equipe com outra parte do cérebro, o córtex pré-frontal, as respostas são mais adequadas ao contexto, sem dramas ou explosões. Isso acontece porque o córtex se encarrega de processos racionais que, junto com as emoções, possibilitam melhores decisões, como não quebrar pratos (ou qualquer outro objeto) ao tentar resolver um conflito familiar (ou qualquer outro conflito).

Esse sistema precisa dormir para funcionar corretamente. Se não dormimos bem, digamos por cerca de 35 horas seguidas (como vários voluntários fizeram para uma pesquisa científica), as respostas aos estímulos negativos são mais "amigdalosas". Mesmo sem ir a tais extremos, se um adulto não dorme uma média de 7 a 9 horas (8 a 10 para adolescentes, 9 a 11 para crianças e mais de 14 horas para recém-nascidos), com ligeiras variações nessa média, pode começar a apresentar problemas como falta de disposição e desatenção.

Uma boa noite de sono "reinicia o sistema" e torna as pessoas menos reativas. Além disso, proporciona mais ferramentas para compensar o desastre emocional que, com certeza, causaram por seus desvelos.

Com essa informação e um tanto de noites dormindo feito um bebê, o homem tomou uma das melhores decisões de sua vida: evitar qualquer tipo de interação social quando dormir mal. Assim, ele só era insuportável para si mesmo a maior parte do tempo, mas não para os outros.

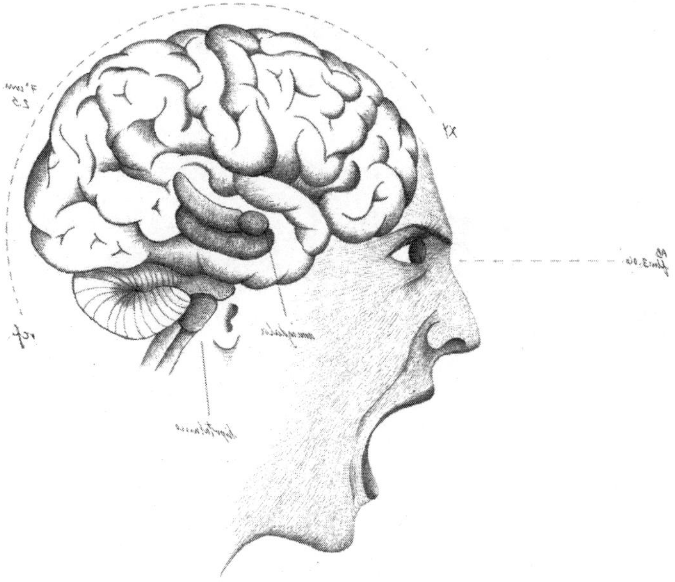

POR QUE AS TATUAGENS SÃO PERMANENTES?

O LIMMS tem observado o padrão se repetir inúmeras vezes: pessoas que, convencidas de que amarão alguém em particular para sempre, decidem marcar o corpo com algo que também se presume ser eterno: tatuagens. Nos casos que mais chamaram a atenção, o amor se apaga, mas a marca indelével de um coração trespassado pelo nome da pessoa ex-amada, não. A persistência das tatuagens parece ser mais duradoura que o romance. Por quê? Porque são feridas que nunca cicatrizam totalmente.

Quando alguém faz uma tatuagem, a tinta entra no corpo por baixo da camada mais externa da pele, a epiderme. Uma ou mais agulhas introduzem a tinta, que o sistema imunológico percebe como um ataque de fora do corpo. Consequentemente, prepara seu armamento de células: macrófagos e fibroblastos.

Os macrófagos (do grego μακρός [*makrós*] = "grandes"; e φαγεῖν [*phageín*] = "comedores") comem e comem muito, como seu nome indica. São glóbulos brancos que engolem elementos estranhos, coisas que já não nos servem ou que nos atacam, como microrganismos, resíduos celulares e até câncer. No caso de tatuagens, os macrófagos tentam comer as partículas de tinta depositadas no corpo. Entretanto, tais partículas são muito grandes e os macrófagos geralmente não conseguem lidar com elas.

Quando alguns deles conseguem, transportam os resíduos para pequenas bolsas que fazem parte do sistema imunológico: as glândulas conhecidas como gânglios linfáticos. Mas, para a maioria, não é esse o caso. Então, nossos bravos guerreiros macrófagos morrem no mesmo lugar em que se alimentaram e ficam suspensos na derme, que está localizada sob a epiderme. Parte do que vemos em uma tatuagem são os corpos de macrófagos com tinta encapsulada dentro, porém o que mais vemos, além de arrependimento e macrófagos mortos, é outra coisa.

Os fibroblastos, outro tipo de célula, são responsáveis pela formação de várias das substâncias e das proteínas que compõem os tecidos estruturais da pele. Quando há uma lesão, os fibroblastos têm um papel muito importante, pois ajudam a reparar e formar novamente os tecidos. Com as tatuagens, os fibroblastos nunca param de trabalhar, e isso é o que os torna permanentes.

Os fibroblastos comem as partículas de tinta, mas elas permanecem suspensas na pele, sem migrar para nenhum lugar, pois essas células nascem e morrem ali mesmo. Se eventualmente morrerem, outros fibroblastos se alimentam deles no mesmo local. Assim, nossas próprias células tentando permanentemente reparar o tecido são o que faz as tatuagens durarem para sempre. Ou, pelo menos, tanto para sempre quanto nossa percepção de eternidade sugere.

Dito isso, há também processos naturais e artificiais que podem fazer desaparecer as tatuagens. Os raios UV do Sol decompõem as partículas de pigmento em partículas menores, o que torna mais fácil para os macrófagos comê-las e se livrar delas. Os tratamentos de remoção de tatuagens a *laser* funcionam de forma semelhante: eles enviam um raio *laser* para os pigmentos para quebrá-los e depois deixam o processo imunológico do corpo fazer o resto.

Porque nada, nem mesmo as tatuagens, é para sempre.

POR QUE A TEXTURA DO CABELO DE ALGUMAS PESSOAS MUDA COM O PASSAR DOS ANOS?

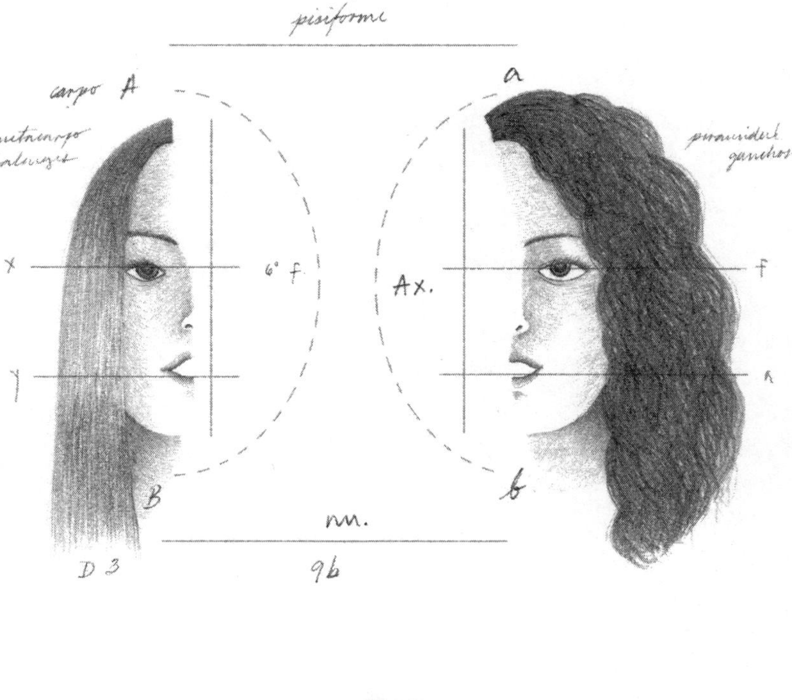

Tanto no LIMMS quanto na vida, os mistérios abundam. A diferença está no fato de que, no LIMMS, tentamos não ter uma abundância de mistérios mal resolvidos, algo que é muito comum na vida: ignorar que o que se acredita sobre algo está errado e, na verdade, pensar que está certo. É o caso de muitas pessoas que afirmam que os hormônios e suas alterações são responsáveis pela considerável mudança da textura do cabelo com a idade.

Já adiantamos, para que não haja dúvidas: não é bem assim. Ou melhor, não há evidências de que mudanças hormonais sejam a causa de alguém que costumava ter cabelos lisos na juventude gozar de madeixas encaracoladas na maturidade. O porquê dessas mudanças ocorrerem permanece um mistério não resolvido.

Entretanto, há outras mudanças na textura do cabelo que podem ser explicadas. São mudanças repentinas e estão relacionadas à saúde. Por exemplo, o hipotireoidismo, no qual a glândula tireoide funciona a um ritmo mais lento que o normal, provocando alterações hormonais que tornam os cabelos mais finos e quebradiços. A má nutrição ou a infecção pelo HIV também pode fazer com que os cabelos fiquem mais fracos e lisos.

A textura do cabelo (liso, cacheado ou ondulado) é determinada pela estrutura do folículo piloso, ou seja, o pequeno orifício no qual o cabelo nasce no couro cabeludo. Não se sabe exatamente como o folículo faz o cabelo ter esta ou aquela textura, mas parece que há genes e proteínas envolvidas que dão ao folículo formas diferentes. Se tem forma redonda, o fio de cabelo que sai dele será reto e resultará em uma cabeleira lisa. Mas, se tem forma elipsoide ou de S, com partes assimétricas, será encaracolado. É parecido quando um fitilho de amarrar presentes fica enrolado ao deslizar pelo fio de uma tesoura: algo similar acontece com o cabelo ao passar por um folículo assimétrico.

A forma dos folículos é determinada antes de nascermos e permanece constante pelo resto da vida. Por isso, os numerosos casos de pessoas que tiveram mudanças na estrutura do cabelo são especialmente misteriosos. Ressalta-se, em particular, o de um adolescente de cabeleira bem crespa que, depois de ter recebido um tratamento para corrigir a perda súbita de cabelo em uma pequena região do couro cabeludo (15 cm^2), terminou com o cabelo liso em tal região em vez de seus cachos característicos. Que não fique dúvida: o rapaz tem agora dois tipos de cabelo e muito mistério em uma só cabeça.

O QUE ACONTECE NA PELE QUANDO AS OLHEIRAS APARECEM?

Depois de compilar milhares de casos e pesquisas mais ou menos sérias sobre o corpo humano e a beleza, podemos afirmar que, para quase todas as questões relacionadas a este tema, a resposta é a mesma: idade. Os anos passam para todos nós, e não significa apenas que passam para cada um, mas que passam para tudo o que nos constitui. Entre essas coisas constitutivas, está a pele ao redor dos olhos.

Em volta deles está a pele mais fina de todo o corpo. Portanto, o que está debaixo dela é muito mais visível: músculos e pequenos vasos sanguíneos que parecem roxos, responsáveis pelas olheiras que fazem as pessoas pensarem que acabamos de passar uma noite sem dormir.

E, às vezes, elas estão certas.

A falta de sono faz com que os vasos sanguíneos se dilatem e a cor dos círculos se torne mais escura.

Outro fator que piora essa condição são as bolsas oculares, cuja sombra faz com que os círculos fiquem mais opacos.

As órbitas dos olhos são como esponjas que retêm o líquido com facilidade. Quando isso acontece, ocorre o inchaço, que é mais comum quando se come muito sal, se dorme em posição muito horizontal (sem muito apoio de travesseiro), não se dorme, ou como resultado de alergias ou desequilíbrios hormonais. Isso pode acontecer com qualquer pessoa, independentemente de idade ou sexo, embora, como quase tudo o que é feio no corpo, ocorra mais vezes quanto mais velho se for.

À medida que a pele envelhece (toda a pele, não apenas os olhos), perde colágeno e elastina, as proteínas que lhe dão estrutura e elasticidade. Assim, a aparência externa começa a se parecer com o que é descrito coloquialmente como "pele de maracujá de gaveta". Na órbita dos olhos, a pele se afrouxa. Assim, a gordura interna fica pendurada, fazendo com que as bolsas fiquem cada vez maiores. À medida que se torna mais fina, a pele deixa visíveis os vasos sanguíneos, que, em combinação com as bolsas, dão às pessoas uma aparência de cansaço.

Existem outros fatores que aumentam a hiperpigmentação periorbital, que é o nome elegante para tal fenômeno. Por exemplo, alergias, contaminação ou mero acaso, ou seja, herança genética.

Normalmente, tratamentos como cremes despigmentadores, ácido retinoico, *peeling* e *laser* têm resultados insatisfatórios, já que as causas tendem a ser generalizadas e podem ser tão variadas quanto ter comido batatas fritas ou passado noites em claro assistindo a filmes (ou ambos ao mesmo tempo).

Naturalmente, para a causa mais comum não há tratamento, pois ainda é impossível voltar no tempo.

FAZ MAL ESTALAR OS DEDOS?

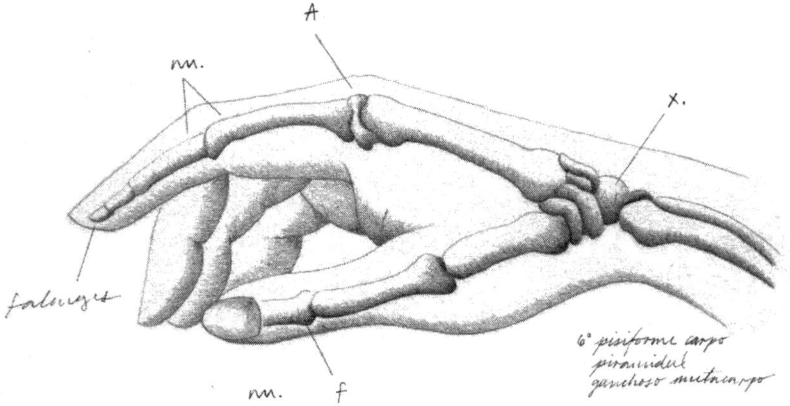

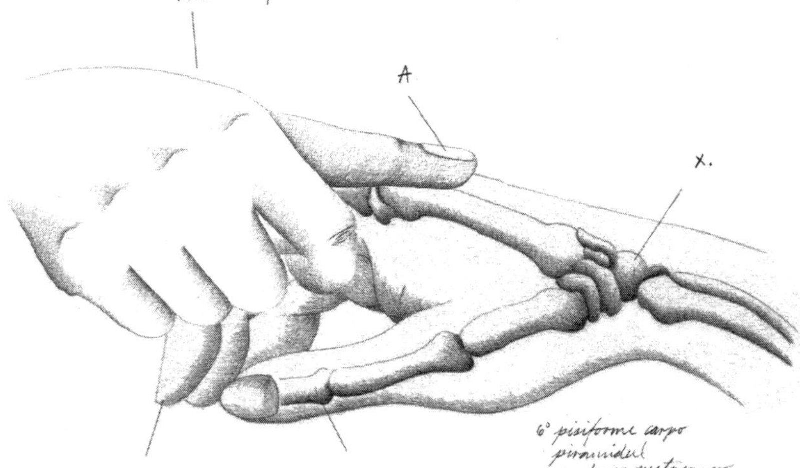

Era uma vez um menino cuja mãe e várias tias lhe repetiam, cada vez que puxava um dos dedos e o clássico barulho do "clac" chegava até elas: "Se você continuar estalando os dedos, vai ter artrite". O menino cresceu, casou-se e, como se fosse uma maldição, sua sogra continuou com a ladainha sobre artrite e dedos estalando. Assim, o agora adulto decidiu que, durante cinquenta anos, estalaria diariamente os dedos da mão esquerda, mas nunca os da direita, a fim de acumular provas suficientes que pudessem validar ou refutar a mãe, as tias e a sua sogra (parece implausível, mas o LIMMS deve deixar claro que, sim, esse caso é real).

Depois de acumular mais de 36.500 informações, ele comparou a saúde de ambas as mãos e encontrou diferença zero. Ele concluiu que as supostas figuras de autoridade de sua infância e juventude estiveram sempre erradas a esse respeito, o que o fez suspeitar de que talvez também pudessem estar erradas quanto a outras afirmações, como a de que comer espinafre é saudável... Mas voltemos ao assunto em questão.

Embora o compromisso desse cavalheiro com a verdade seja admirável, sua experiência não pode ser generalizada, pois o tamanho da amostra é apenas um (ele). Porém, temos mais evidências em outros estudos, um deles motivado pelo que disse a avó de um dos pesquisadores. O resultado é que não há relação alguma entre estalar os dedos e a degeneração articular, dessa vez avaliando-se dezenas de pacientes com anos de dedos estalando. O mais jovem autor dessa pesquisa, que tinha doze anos na época da publicação, continuou a estalar os dedos para o resto da vida sem inibição ou consequências negativas para a saúde das mãos, embora ele demonstre um leve ar de atrevimento na presença da avó.

Por isso, estamos certos de que estalar os dedos é apenas irritante para o ouvinte, mas não tem consequências negativas para a pessoa que o faz. Entretanto, mistério e controvérsia cercam esse hábito, pois há décadas se tenta elucidar o que produz o som do fenômeno em questão.

Entre os nós dos dedos, como entre qualquer outra articulação, está um fluido chamado sinovial, cuja função é lubrificar a área da articulação para que ela possa se movimentar suavemente. Uma das explicações mais convincentes para o som dos dedos estalando é que, quando os ossos de um dedo são separados, o espaço entre as articulações aumenta, o que altera a pressão. Essa alteração na pressão, como ocorre quando um refrigerante é aberto, faz com que os gases dissolvidos no líquido formem bolhas. Então, o líquido sinovial entra para preencher a lacuna e, como não pode haver líquido e bolhas ocupando o mesmo espaço, as bolhas estouram, fazendo o som característico que todos conhecemos.

Essa hipótese foi bastante convincente, pois, entre outras coisas, explica por que um dedo não pode ser estalado repetidas vezes sem descanso; devem-se passar vários minutos antes que as articulações retornem à posição normal, e, então, é possível puxá-las novamente. Do mesmo modo, os gases devem ser dissolvidos no líquido para formar bolhas de novo.

Enquanto muitas pessoas aceitaram a ideia, muitas outras adotaram o "ver para crer". Tentando resolver o mistério de uma vez por todas e levando em conta, literalmente, o ditado anterior, uma equipe investigativa tirou imagens em tempo real do interior das mãos enquanto os dedos estalavam. As fotografias e os vídeos mostraram que as bolhas de fato se formam, mas não estouram quando os dedos são estalados.

O que coincide com o som é a cavidade (ou buraco) que se forma quando as juntas são separadas. O fenômeno é chamado de tribonucleação e ocorre quando duas superfícies imersas num líquido com gás resistem à separação, até que a resistência não seja suficiente e elas se desarticulem rapidamente, criando cavidades, onde se formam bolhas. Assim, seria a formação desses buracos que produziria o som, e não as bolhas.

Pode parecer que a controversa história da pesquisa científica sobre o estalar de dedos foi resolvida aqui, mas nos lembremos de que, no processo científico, obtém-se grande satisfação ao provar que outros estavam errados. A pesquisa mais recente apoia a ideia, por meio de modelos matemáticos, de que a causa do som é a ruptura das bolhas, mas bolhas muito, muito pequenas, que não podem ser vistas pelas câmeras que temos hoje.

O mistério permanece, assim como avós, avôs, tios e pessoas em geral que continuam a afirmar que estalar dedos é prejudicial. No entanto, devemos agradecer-lhes pela insistência, pois sem ela nunca teríamos chegado a todas essas investigações.

POR QUE OS RECÉM--NASCIDOS SÃO TÃO PARECIDOS?

Se a beleza depende do olhar de quem vê, a semelhança também depende. Embora, nesse caso, a semelhança dependa da idade de quem descobre isso.

Com algumas exceções, os adultos são excelentes em reconhecer os rostos de outros adultos. Mas se forem apresentados a um adolescente, ou pior, a uma criança, ou pior ainda, a um bebê, ou o pior de todos, a um recém-nascido, as coisas mudam. Esse viés é conhecido como o "efeito da outra idade", no qual, como o nome sugere, as faces de outras idades que não a sua própria são difíceis de ser distinguidas. E não são apenas outras idades, mas também outras etnias, em algo chamado de Efeito da Outra Raça, o que explica por que muitos não chineses poderiam jurar que "todos os chineses são iguais", ao mesmo tempo que muitos chineses juram que "todos os caucasianos são iguais".

A explicação para ambos os vieses é a exposição a diferentes características faciais. Os adultos tendem a passar mais tempo com adultos do que com crianças. Exceto no caso de professores de jardim de infância ou de ensino fundamental, cuja capacidade de perceber diferenças entre os rostos dos bebês é maior que a de outras pessoas que não passam tanto tempo com seres humanos dessa idade.

No caso de recém-nascidos, quase ninguém vê o rosto com regularidade. Aparecem muito pouco na TV e em outros meios de comunicação (vemos bebês com mais frequência). Na vida real, quando os encontramos, o rosto deles não é tão facilmente acessível, pois estão dormindo, comendo ou sendo carregados por alguém. Além disso, é difícil ter uma conversa ou qualquer tipo de convivência cara a cara com eles.

Esse "problema" não acontece apenas com pessoas adultas. Crianças tendem a achar todos os adultos semelhantes e a reconhecer mais facilmente as diferenças no rosto das pessoas de sua própria idade. O verdadeiro problema é que a incapacidade de reconhecer os diferentes rostos dos recém-nascidos pode dificultar encontrá-los quando são sequestrados, trocados ou confundidos erroneamente no hospital.

A SOLUÇÃO? ROBÔS

Há um tipo de inteligência artificial que, por meio de algoritmos, consegue reconhecer com muita precisão (quase 90%) os rostos dos recém-nascidos, o que confirma que eles não são iguais nem se parecem mais do que dois adultos se parecem um com o outro. Pelo contrário, a impressão que temos deve-se à falta de convivência com eles e como somos previsíveis ao repetir a frase "Todos os recém-nascidos parecem iguais".

POR QUE OS MOSQUITOS PICAM MAIS ALGUMAS PESSOAS DO QUE OUTRAS?

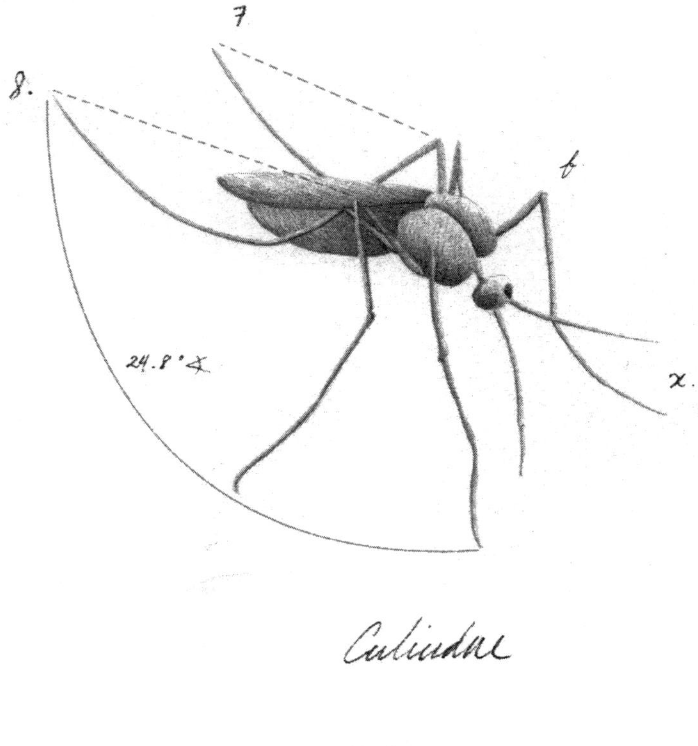

Pensemos na possibilidade de que, ao se pegar uma amostra aleatória da população humana, você seja escolhido. Agora pensemos que essa amostra aleatória seja levada para uma praia paradisíaca.

Qual seria a probabilidade de você, especificamente você, ser mordido por mosquitos, enquanto outros estariam se divertindo sem roupas, repelente ou medo de coceira? Se já passou por uma situação semelhante, provavelmente você é um dos infelizes picados com mais frequência por mosquitos.

Isso acontece devido a vários fatores. Um dos principais é o dióxido de carbono que exalamos como produto da respiração. Esse gás atrai mosquitos, que o utilizam como sinal para localizar as vítimas. Como é impossível parar de respirar por mais de alguns minutos, toda pessoa viva é uma presa potencial para esses insetos, um atraente alvo que emite CO_2. Mas algumas são alvos maiores, literalmente maiores.

Quanto maior for uma pessoa, mais oxigênio ela precisa para todo o corpo, além dos pulmões terem a capacidade de reter mais ar. E, assim como o oxigênio entra, o dióxido de carbono sai. Quanto maior o corpo, maior é a probabilidade de ser picado por mosquitos. Nas gestantes, algo semelhante acontece, mas não pelo tamanho, e sim porque a placenta e o embrião precisam de oxigênio extra, fazendo a futura mãe respirar mais profundamente e exalar 20% mais dióxido de carbono do que se não estivesse grávida.

O dióxido de carbono não é o único guia para os mosquitos chegarem às suas vítimas. O calor e as substâncias que compõem o suor, como os ácidos láctico e úrico, informam que há um ser humano por perto para picar. Portanto, o exercício é outro fator que os incentiva a se aproximar, pois aumenta tanto o calor quanto o suor que a vítima em potencial emite.

Tomar cerveja, elemento que tem sido observado como indispensável nas praias paradisíacas, aumenta a atração de mosquitos para os bebedores. A razão é um mistério, pois não é o etanol que sai no suor ou o aumento da temperatura corporal que produz esse efeito. Os mosquitos parecem apenas gostar de beber sangue com cerveja, prática que seria reprovada se fossem humanos, pois os mosquitos que picam são, na verdade, mosquitos grávidos. Os mosquitos fêmeas são os únicos que precisam se alimentar de sangue, pois necessitam das proteínas fornecidas pelo sangue para produzir os ovos. Já os machos e as fêmeas que não estão nessa fase de vida, se alimentam de néctar de flores.

Então, se os mosquitos estão picando você mais do que os outros, é provavelmente porque:

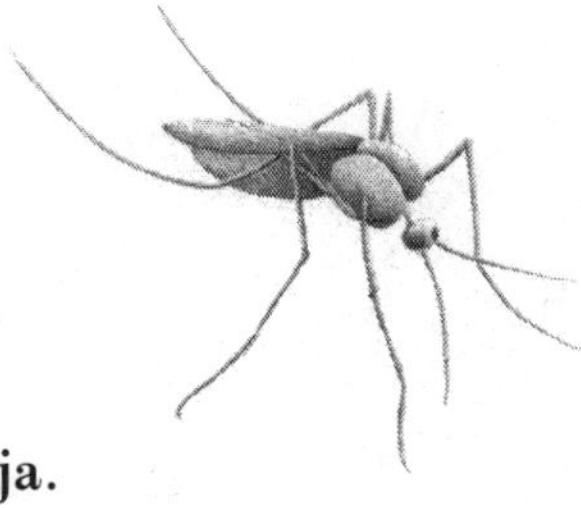

1. **Você é grandalhão.**
2. **Você está grávida.**
3. **Está quente e você está suando.**
4. **Você acabou de tomar uma cerveja.**
5. **A sorte não está do seu lado, pois também há fatores genéticos que tornam algumas pessoas mais atrativas do que outras para os mosquitos. Tais fatores genéticos explicam aproximadamente 85% desse padrão, deixando o tamanho, o calor, as cervejas e as gravidezes com uma parcela de apenas 15%.**

Assim, na realidade, não há muito a fazer caso tenha sido escolhido para passar maus bocados na praia paradisíaca... A não ser aceitar o destino em forma de picadas de mosquitos.

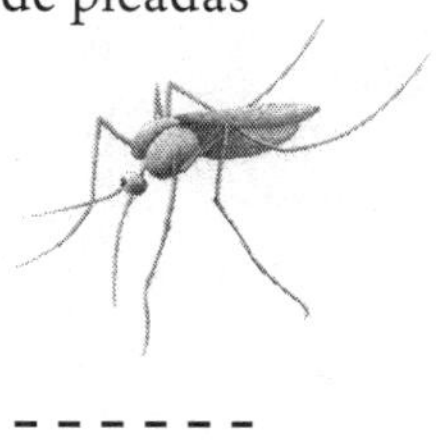

POR QUE O CABELO ENROLA COM A UMIDADE?

Desde pequeno, ele ouvia que sua profissão perfeita seria a de homem do tempo, esse personagem que aparece durante dois minutos nos noticiários comunicando a previsão de temperatura e umidade. Esforçou-se para conseguir o que considerou seu destino e, quando por fim seria sua estreia, demorou mais tempo do que o planejado no camarim. Não conseguiram conter seu cabelo, e um substituto foi ao ar, tomando seu lugar.

Foi nesse momento que se deu conta de que, quando lhe diziam que seria ideal para prever o tempo, era pela reação de seu cabelo à umidade, e não por alguma qualidade sua.

MAS POR QUE A IMPLACÁVEL CABELEIRA DO POBRE RAPAZ ENROLOU?

Seu cabelo era realmente sensível — como o de todo humano — ao hidrogênio que existe no ar. E, como a água contém hidrogênio, o cabelo humano se torna um medidor eficiente para a umidade ambiental.

O cabelo é composto por feixes de fibras de queratina (uma proteína formada por carbono, hidrogênio, oxigênio, nitrogênio e enxofre) que se prendem uns aos outros por ligações entre moléculas de enxofre com enxofre, muito fortes e quase inquebráveis, e ligações entre moléculas de hidrogênio com hidrogênio, responsáveis pelos cabelos frisados que surgem quando visitamos os trópicos.

As ligações de hidrogênio são fracas e, portanto, temporárias: formam-se e rompem-se constantemente nos cabelos, dependendo da água presente. Em climas úmidos, as fibras de queratina retiram o hidrogênio da água no ambiente e o utilizam como "cola" para criar ligações. Dessa maneira, algumas fibras são unidas a outras na mesma mecha de cabelo, deixando toda a cabeça de uma pessoa com o cabelo cada vez mais encaracolado.

O resultado: as pessoas se tornam um higrômetro ambulante com cabelos mais cacheados que o normal. Embora, claro, existam alguns higrômetros humanos mais eficazes que outros. Em geral, quanto mais encaracolado o cabelo, mais tende a absorver umidade.

Os cabelos encaracolados costumam ser mais secos porque os óleos do couro cabeludo não conseguem descer tão facilmente quanto no "escorrega" dos cabelos lisos. Isso faz com que absorvam mais umidade no ar, pois seco procura a umidade.

O cabelo pode absorver tanta água da atmosfera que incha e quebra a cutícula, a camada mais externa de cada fio. Quando isso ocorre, aparece o temido *frizz*: cabelos arrepiados, inaceitáveis para apresentar a previsão do tempo em frente às câmeras.

Felizmente, existem outras ocupações nas quais o cabelo despenteado não é um empecilho, e sim até uma vantagem. Por exemplo, a personificação estereotipada de cientistas loucos, o que também oferece a possibilidade de aparecer na televisão.

POR QUE É TÃO BOM FAZER COCÔ?

Segundo os recentes cálculos do LIMMS, quase todos sentem uma sensação agradável ao fazer cocô, sobretudo se for grande e não muito difícil de sair. O restante da população do "quase" não só não tem nenhum prazer, como tem dificuldade com isso: suor, fraqueza, calafrios e até perda de consciência. Em ambos os casos, a causa está na estimulação do nervo vago.

Esse nervo começa no crânio e se estende pelo pescoço e pelo abdome até todos os órgãos vitais, tais como pulmões, coração, estômago, fígado e cólon. Por ser tão amplamente distribuído, é chamado de vago, e mostra-se de suma importância para diversas funções essenciais, como levar sangue ao cérebro.

Quando o cocô se move pelos intestinos para chegar ao ânus, ou seja, viajando pelo cólon, é capaz de estimular o nervo vago. De repente, o coração começa a bater lentamente, os vasos sanguíneos se dilatam e a pressão cai, fazendo com que menos sangue com oxigênio chegue ao cérebro. Essa pequena privação de oxigênio é o que o faz sentir-se bem. No entanto, um pouco mais de estímulo do nervo vago e a sensação é exatamente a oposta.

Então, ocorre a síncope por defecação, em outras palavras, quando uma pessoa desmaia enquanto faz cocô. Uma das causas é o estímulo excessivo do nervo vago, que é acompanhado, antes da perda da consciência, por suor, arrepios e fraqueza. Uma porcentagem não insignificante da população sofre com isso. E, se acontece com frequência com alguém, provavelmente há alguma condição médica que deve ser investigada.

Pesquisas recentes estão próximas de descobrir outra razão pela qual fazer cocô parece ser tão bom. Isso, provavelmente, está relacionado também com o nervo vago, porém com um efeito muito mais intrigante: trazer o paladar para o sistema digestivo.

A proposta surgiu de uma experiência em que se descobriu que os ratos preferem uma solução com açúcar a uma sem calorias, o que seria perfeitamente normal se a solução fosse introduzida pela boca, mas ela foi injetada diretamente em suas entranhas. E quando alguém, mesmo um rato, se alimenta de algo, é porque seu cérebro está emitindo sinais de prazer.

Nesse caso, o "mensageiro da alegria" é o nervo que tanto mencionei, que, ao conectar os intestinos ao cérebro, serve como duto que induz a liberação de dopamina neste último, um neurotransmissor que gera a sensação de euforia e prazer.

A dopamina é a molécula por trás dos vícios, pois, quando liberada na expectativa de algo que nos dará prazer, são interligados no cérebro circuitos que podem nos fazer precisar cada vez mais desse algo para ter a mesma sensação agradável. Portanto, tenha cuidado, pois fazer cocô pode ser viciante.

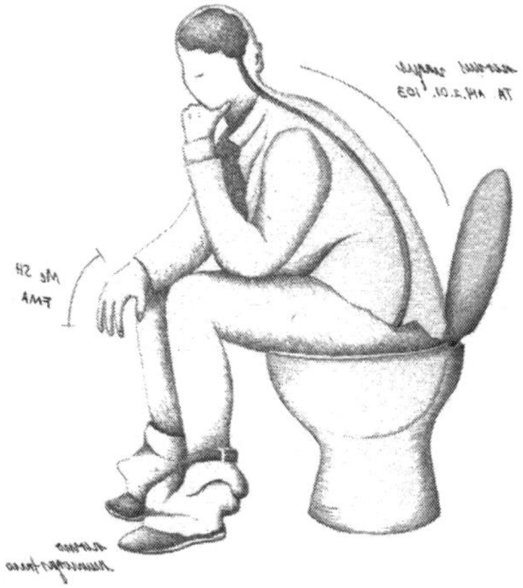

A MALDADE É HEREDITÁRIA?

A maldade é um conceito ambíguo: apesar de algumas pessoas o associarem a comportamentos prejudiciais e deliberados com relação aos outros, o que se mostra prejudicial para um não é o mesmo para todos. Observem estes três casos, coletados em primeira mão pelo LIMMS, para exemplificar:

1. **"Minha mãe é muito má porque não me deixa comer doces à noite" (Pablito, 6 anos).**
2. **"Quando Pablito come doces à noite, faz maldade com o gato, puxa o rabo dele e ri descontroladamente" (Maria, 40 anos).**
3. **"Os humanos são maus, mas, sobretudo, idiotas. Não há mais explicação" (o gato, 3 anos — interpretado por seu olhar durante a entrevista).**

É impossível, portanto, saber se a maldade é hereditária, já que carecemos de uma definição clara para ela. Mas o que podemos mais ou menos investigar é se a personalidade é herdada. Isso importa, pois de fato ela pode estar relacionada a certas características que sob algumas circunstâncias consideraríamos "malvadas".

Em geral, estuda-se a personalidade dividindo-a em cinco tipos ou traços principais que abrangem, cada um, alguns intervalos. Todos temos um pouco desses traços, em pontos diferentes de suas escalas:

- **Extroversão**, que vai do energético e muito social ao reservado e solitário.

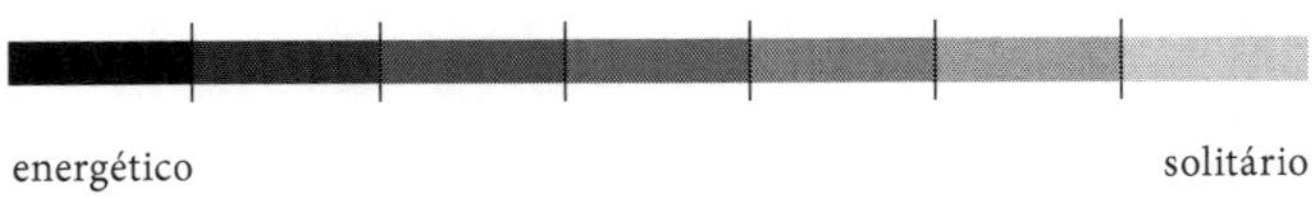

- **Abertura** (a novas experiências ou a mudanças), que vai do aventureiro, curioso e inventivo ao cauteloso, previsível e rotineiro.

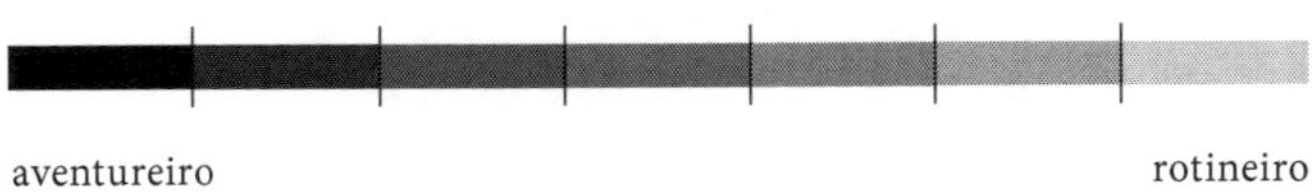

• **Neuroticismo**, que vai do nervoso, sensível, ansioso, medroso e irritadiço ao seguro e confiante em si mesmo.

nervoso confiante em si mesmo

• **Responsabilidade ou consciência**, que vai de organização, eficiência, disciplina e planejamento a superficialidade, espontaneidade, descuido e falta de confiabilidade.

organização pouco confiável

• **Amabilidade ou cordialidade**, que vai de amistoso, compassivo e cooperativo a desafiador, desapegado, antagonista e desconfiado dos outros.

amistoso desconfiado dos outros

Essas características são definidas por padrões e tendências de pensamento, emoção e comportamento que as pessoas têm sob diferentes circunstâncias de vida e podem ser medidas por questionários e testes de personalidade.

Por meio de correlações genéticas e genômicas de vários tipos, acredita-se que aproximadamente 40% das diferenças de personalidade entre as pessoas se devam a genes (uma grande combinação deles) e 60%, à influência ambiental (por exemplo, como você era quando criança). Isso significa que, se você tivesse nascido de novo com a mesma genética, mas em um lugar diferente, com uma família diferente, em outra cultura, com outro clima e outra história de vida, sua personalidade provavelmente seria apenas 40% semelhante à que tem agora.

Voltando à maldade, qualquer tipo de personalidade poderia ser avaliada como "má". Por exemplo, provavelmente Pablito tem uma tendência à abertura, o que o faz procurar emoção puxando o rabo do gato; Maria, sua mãe, mostra uma tendência à responsabilidade e, talvez, à compaixão (para com o gato), o que é interpretado por Pablito como opressivo e, portanto, mau. O gato, por outro lado, parece pouco se importar com qualquer traço de personalidade, e sua interpretação de maldade continua por ser definida.

QUAL É A RELAÇÃO DA LUA COM O COMPORTAMENTO HUMANO?

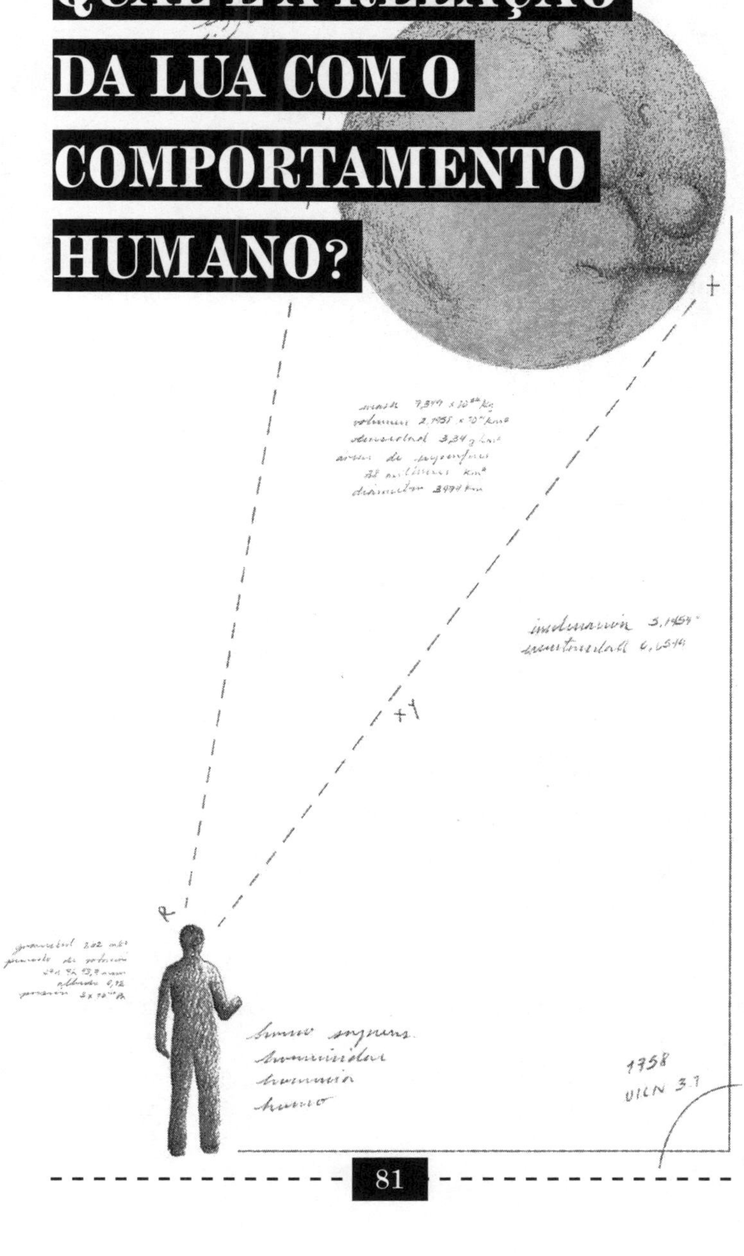

A cada 29 dias, durante as noites de Lua cheia, alguns membros do LIMMS autodenominados "Tropa Lunática Mais ou Menos Séria" (o que resulta na horrenda sigla TLMMS) percorrem as ruas da cidade agindo de acordo com algumas crenças populares sobre a influência da Lua no comportamento humano. Uma noite habitual de Lua cheia para a TLMMS consiste em:

1. **Visitar prontos-socorros, nos quais, em média, 64% da equipe médica e 80% da enfermagem acreditam que a Lua afeta os pacientes.**
2. **Já dentro da emergência se fazem passar por pessoas com transtornos psiquiátricos, como crises nervosas. Alguns chegam alterados e fingem ter sido vítimas de tentativas de homicídio ou outros atos violentos; os membros mais jovens da TLMMS fingem ser rapazes com sintomas de psicose; outras integrantes chegam apressadas e gritando porque supostamente estão a ponto de parir. Para chegar a seu objetivo, a TLMMS fez vários cursos de atuação e continuamente se informa sobre a sintomatologia dos papéis que estão encarnando.**

3. Logo depois de serem internados e de terem confirmado as porcentagens das crenças lunáticas da equipe médica e de enfermagem, voltaram a se comportar como pessoas sem nenhum problema. É quando realmente se inicia o comportamento mais estranho e suspeitosamente lunático da TLMMS.

Depois que a apresentação termina de forma abrupta, eles começam a explicar com um tom um tanto cerimonioso que, após procurarem correlações entre milhares de internações hospitalares e as fases da Lua, não há evidências de que o comportamento psiquiátrico piore em alguma fase específica, assim como outras emergências, internações hospitalares, crises, suicídios, homicídios ou outros crimes. Também não há mudanças no número de acidentes de carro, menstruações e nascimentos complicados ou violência. As "crianças" da TLMMS explicam que também não há evidências de que qualquer transtorno psiquiátrico infantil aumente ou diminua, nem a quantidade de idas ao hospital graças ao efeito da Lua.

É importante assinalar que, após a explicação da TLMMS, a equipe médica parece ter ficado completamente perplexa,

duvidando do que acabara de ser dito, pois mostrar tanto empenho em enganar as pessoas e depois dar a elas uma palestra sobre ciência a cada Lua cheia pode muito bem ser classificado como um transtorno lunático. A TLMMS adora quando dizem isso, já que tem a resposta na ponta da língua.

Tomar esse comportamento da Tropa Lunar como um fato que confirma a crença de que a Lua deixa as pessoas "loucas" parece ser mais um caso do que os cientistas chamam de "viés de confirmação": a tendência que temos como seres humanos de interpretar novos dados de uma forma que só confirma nossas crenças e ignora outras que as contradigam. Por exemplo, o fato de que, durante a Lua cheia, são atendidas pessoas com problemas psiquiátricos, mas ignorando ou esquecendo o fato de que em outras noites as pessoas com essas condições também são atendidas.

Embora a Lua não pareça afetar as pessoas, há outro objeto celestial que afeta e bastante: o Sol, principalmente porque essa estrela, junto com o movimento rotacional da Terra, determina que durante algumas horas é dia e em outras é noite, o que nos deixa acordados ou sonolentos, conforme o caso.

Parte disso pode ser explicado pelo fato de que a luz afeta a produção de hormônios, que determinam se ficamos com sono, fome ou alerta. Por sua vez, isso tem consequências para a saúde (física e mental) e o comportamento (ver capítulo sobre os efeitos da luz sobre a biodiversidade). Provavelmente, a crença de que a Lua afeta o comportamento humano data da época em que não havia luz elétrica e as sociedades estavam mais sujeitas aos padrões sazonais de dia e noite. Os efeitos que uma Lua cheia superbrilhante pode ter tido durante as noites, por exemplo, dificultando o adormecimento de algumas pessoas, pode ter causado comportamentos desagradáveis para outras.

Dito isso, chegou a hora de a TLMMS perguntar: se hoje em dia as noites não têm escuridão total, o que nos faz dormir mal e acarreta outras graves consequências, será que nesse período somos todos lunáticos?

Então, como se respondessem à própria pergunta com um "sim!", num passe de mágica eles largam uma bomba de fumaça inofensiva e desaparecem de cena.

POR QUE ME DEU UMA ALERGIA DO NADA?

Um belo dia, ou melhor, um dia muito ruim, após dar a primeira mordida em sua comida favorita — uma torrada com *aguachile* de camarão —, Pipo começou a sentir um formigamento na garganta que, de forma vertiginosa e aterradora, se transformou em asfixia. Sua garganta inchou, e alguns heroicos garçons o levaram para o hospital, onde lhe administraram adrenalina e altas doses de anti-histamínico para salvar sua vida.

"Jovem, por que você comeu camarão se é alérgico? Isso que é vontade de morrer!", disse o médico sem tato, ignorando a triste história de Pipo: toda a sua vida ele foi feliz comendo crustáceos. Essa fora a primeira vez que teve tal reação. Provavelmente, também seria a última, se parasse de comer camarões. Se os comesse de novo, com certeza seria a última vez, pois poderia morrer de choque anafilático. Havia se tornado alérgico aos alimentos de que mais gostava.

Em resumo, as alergias são o sistema imunológico ficando mais ou menos louco, ou pelo menos mais ou menos confuso. Ocorrem quando esse sistema identifica uma substância como perigosa quando, na verdade, não é, tornando-a um alergênio. O contato com esse alergênio desencadeia uma reação que, em alguns casos, pode se tornar tão perigosa a ponto de causar a morte. Como o sistema imunológico tem muitas formas de ataque, a reação pode ocorrer de diferentes maneiras: muito muco, lágrimas, inflamação da garganta e irritações da pele ou do sistema digestivo.

Quando nascemos, o sistema imunológico é treinado para diferenciar o que é próprio do corpo do que é estranho, e, dentro do estranho, o que é inofensivo do que é perigoso. Mas nesse treinamento várias coisas podem dar errado, e é por isso que os bebês começam a ter alergias. Algumas duram uma vida inteira. Mas, no caso das alergias alimentares, 80% desaparecem ao fim da adolescência. Entretanto, se as alergias ocorrerem na idade adulta, é muito improvável que desapareçam posteriormente.

Dentro do misterioso mundo das alergias, é enigmático que elas se desenvolvam na vida adulta. Sabe-se que certas coisas, como genética, fatores ambientais, tipo de alimento e o sistema imunológico, têm envolvimento nisso, mas não exatamente como ou de que maneira estão relacionadas. Acredita-se também que sua ocorrência possa estar associada à exposição a alergênicos em momentos em que o sistema imunológico está fraco, como durante a gravidez ou uma doença, ou à exposição a novas plantas ou animais.

No caso do camarão, pensa-se que uma proteína chamada tropomiosina é parte da razão pela qual os crustáceos costumam provocar reações alérgicas. Essa proteína é grande e, portanto, mais resistente à digestão, o que a torna um alerta vermelho para o sistema imunológico.

Outra peculiaridade dessa proteína é que os ácaros e as baratas também a têm, e é provável que, respirando constantemente o pó desses pequenos animais (não podemos nos livrar dele, por mais nojento que possa parecer), algumas pessoas desenvolvam alergias leves, mas, ao entrarem em contato oral com grandes quantidades da proteína, ou seja, ao comer camarão diretamente, o sistema imunológico enviará toda a sua artilharia.

Por fim, a digestão dos adultos, cada vez pior, pode estar ligada ao desenvolvimento de alergias. Existem algumas barreiras no sistema digestivo que impedem a passagem de alergênios, uma das quais é a mucosa intestinal. Diversos costumes do estilo de vida moderno, como consumo de antiácidos, dietas e estresse, que afetam a microbiota, fazem com que a mucosa e outras barreiras deixem de funcionar corretamente, permitindo a entrada de proteínas que se tornam alergênicas no sistema digestivo.

Em resumo, como dissemos, não há uma resposta certa do porquê Pipo se tornou alérgico a camarão. Tais fenômenos, para os quais ainda não há uma boa explicação, são geralmente os chamados "acasos". Então, a melhor resposta que por enquanto podemos dar à questão de por que alguém que ama camarão se torna alérgico a eles é uma dessas hipóteses, outra que não foi apresentada ou simplesmente muita má sorte.

PARTE 2

ALIMENTOS

OS HUMANOS SÃO NATURALMENTE CARNÍVOROS OU VEGETARIANOS?

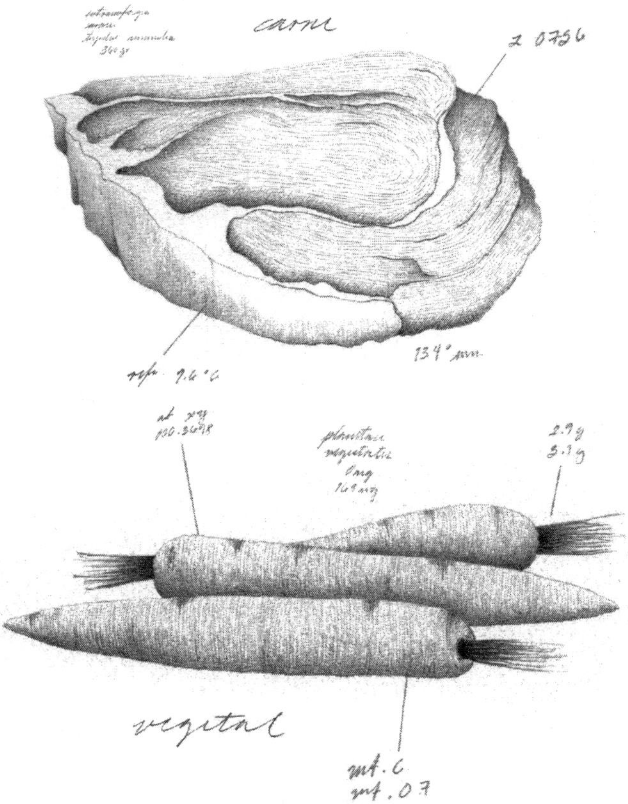

De acordo com pesquisas recentes mais ou menos sérias, é teoricamente inevitável que, durante um café da manhã, almoço ou jantar, onde há pelo menos uma pessoa onívora e uma vegetariana ou vegana à mesa, surgirão as seguintes questões daqueles que comem carne para aqueles que escolheram não comer:

1. **Onde você consegue suas proteínas?**
2. **Você não se preocupa com sua nutrição?**
3. **Você sabia que os seres humanos são carnívoros?**

Segundo outras pesquisas, a reação do vegetariano a essa questão é, em 80% dos casos, revirar os olhos, seguida de um incômodo silêncio que, por parte do carnívoro, é tomado como mais uma vitória na disputa sobre alimentação. Uma vitória que se baseia unicamente no preconceito e no ego de tal indivíduo, pois a resposta à pergunta, no sentido estrito, é que todo ser humano escolhe ser carnívoro, vegetariano ou o que quer que seja.

Em outros tempos, teria sido sábio dizer que "os humanos são carnívoros", por exemplo, há cerca de 2,6 milhões de anos (embora a disputa na época fosse sobre se o que éramos poderia ser chamado de "humano").

Comer proteína animal foi importante durante a evolução que nos levou a nos tornar humanos, em especial por causa da quantidade necessária desse nutriente para um cérebro que possa falar, cozinhar, pensar e discutir sobre dieta (ou qualquer outro assunto).

Na verdade, comer frutas e verduras não é muito farto. Os alimentos vegetais, sobretudo aqueles que podem ser consumidos crus, não são ricos em calorias. Nos primórdios da humanidade, quando cozinhar com fogo ainda não era realidade (algo que começou há 500 mil anos) e a agricultura não existia (inventada há 10 mil anos), a obtenção de proteína de uma dieta vegetariana dependia principalmente dos tubérculos, que eram difíceis de mastigar por causa da textura fibrosa. Tente, por exemplo, comer uma beterraba crua mordendo-a ou mesmo em pedaços pequenos (mas não picados): é muito mais difícil do que mastigar animais mortos que tenham sido previamente triturados ou esmagados.

Esse primeiro processamento mecânico dos alimentos possibilitou que o tamanho dos dentes e dos músculos do maxilar diminuísse aos poucos. Com a evolução dessa mudança, a capacidade craniana e as habilidades cognitivas aumentaram. A combinação seria paradoxal se considerarmos que um cérebro grande requer muita energia e, portanto, maxilares e dentes fortes para comer muito. Mas isso não se aplica se adicionarmos carne ao cardápio.

Animais cujas carcaças podem ser cortadas ou esmagadas proporcionam refeições mais calóricas e requerem menos mastigação. Há alguns milhões de anos, a carne fornecia aos nossos ancestrais mais proteína com menos esforço, o que nos dava a oportunidade não só de gastar menos tempo e energia na alimentação, mas também de usar diretamente as calorias e os nutrientes para manter um órgão muito especial: o cérebro.

A redução do tamanho do maxilar proporcionou espaço na cabeça para que o cérebro pudesse se expandir.

Tudo isso é evidência de que, num passado distante, quando o *Homo sapiens* ainda não existia, o aumento da carne na dieta foi importante para a evolução do que hoje conhecemos como humanos. Argumentar que, por isso, comer carne é a coisa natural a fazer e que outra dieta não é correta lança dúvidas sobre se as habilidades cognitivas de fato aumentaram após vários milhões de anos (pelo menos em algumas pessoas).

Hoje em dia pode ser ruim para a saúde ter uma dieta vegetariana ou vegana, mas também uma dieta carnívora, do mesmo modo que qualquer uma delas pode ser adequada e benéfica; tudo depende de como se consome em cada uma delas. Em termos gerais, uma dieta saudável deve ajudar a manter a saúde por meio da ingestão de calorias, gorduras, proteínas, vitaminas, minerais e líquidos adequados à nossa idade e atividade física. Isso pode ser conseguido de várias maneiras — por exemplo, unicamente pelos alimentos ou com a ajuda de suplementos alimentares.

Uma dieta equilibrada boa para a saúde, porém, não significa que seja boa para o meio ambiente. Não podemos esquecer que a produção mundial de carne, nos últimos cinquenta anos, aumentou mais de cinco vezes, chegando a 275 toneladas, o que teve sérias consequências, sobretudo nos ecossistemas, pois muitas extensões de florestas ou matas foram convertidas em pastagens e muitos antibióticos usados no pasto acabam sendo incorporados ao solo e aos lençóis de água, entre muitos outros problemas.

A escolha do que cada um come depende de vários fatores muito importantes, não apenas da biologia, mas também da cultura, da ética, da saúde e da economia. Um fator essencial a ser adicionado à lista é o conhecimento ambiental: além de pensar sobre que dieta é "natural", é necessário refletir sobre o que é melhor para si mesmo e para o planeta, de acordo com o momento e o lugar em que cada um se encontra.

Assim, não importa se é vegetariano, carnívoro ou o que seja, durante um café da manhã, almoço ou jantar com alguém que pergunte (com a intenção de incomodar) se você não se preocupa com sua ingestão de proteínas, pode rebater a questão com algo ainda mais incômodo: não se importa com o impacto no planeta que cada uma das suas comidas causa?

Provavelmente a pessoa não voltará a tocar no assunto.

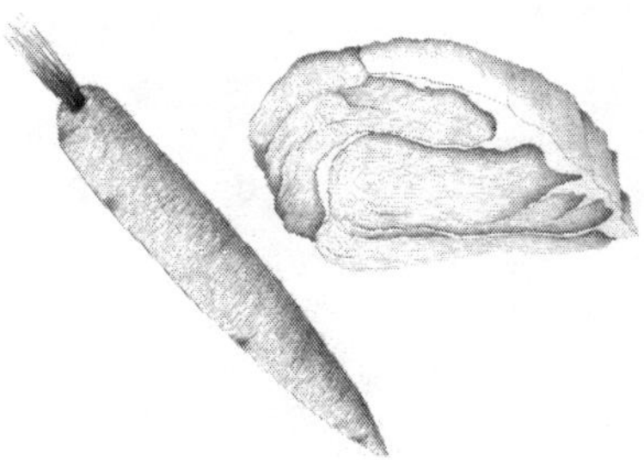

POR QUE AS GRÁVIDAS TÊM DESEJOS?

Um desejo é algo diferente de fome, às vezes até mais forte. É a urgência e a ânsia de um alimento ou sabor em particular, difícil de resistir. Do mesmo modo, é difícil resistir a uma mulher grávida suplicando (ou exigindo) que atendam a seu desejo, pois, afinal, durante nove meses ela gestará um humano que, no futuro, pode encontrar a cura do câncer e conseguir a paz mundial (cada um desses eventos tem uma probabilidade baixíssima e, juntos, ainda menor. No entanto, ainda que sejam baixas, as probabilidades existem).

Esses estranhos desejos intrigam muitas pessoas, e várias ideias têm sido propostas para explicá-los. Tomemos como exemplo o seguinte estudo de caso:

GRÁVIDA: Estou com um desejo enorme de comer bolo de cenoura com pimenta-biquinho.

PESSOA QUE NÃO ESTÁ GRÁVIDA: **(intrigada e um pouco enojada, mas confiante o suficiente para dizer):** Provavelmente porque você precisa de vitamina A e C, pois cenoura tem vitamina A e pimenta tem vitamina C. É melhor comer uma salada de frutas.

GRÁVIDA: Você não sabe de nada! Só me traz o bolo, e agora!

A ideia de que mulheres grávidas anseiam por coisas com nutrientes de que elas mesmas ou seus fetos precisam é muito comum. No entanto, surpreende que tal ideia ainda seja tão corrente, pois é muito fácil ver que não faz sentido.

Se a hipótese de falta de nutrientes fosse verdadeira, elas desejariam alimentos de alto valor nutritivo no que é importante durante a gestação. Portanto, os desejos mais comuns seriam por espinafres, acelgas e outros vegetais de folhas verdes com muita vitamina B, ferro, magnésio e vitamina A. Também desejariam feijões e lentilhas, já que são ricos em ácido fólico, ferro e magnésio.

O que as mulheres grávidas mais desejam, contudo, são bolos de cenoura ou qualquer outro tipo de bolo. Suas preferências se inclinam para alimentos ricos em calorias, gorduras e doces, em geral *fast-food* ou *junk food*, que carecem dos nutrientes necessários para essa etapa da vida (ou qualquer outra). Um detalhe interessante é que esse tipo de alimento costuma ser desejado por qualquer pessoa (grávida ou não).

Não é preciso estar grávida para ter desejos. Nem ser mulher. As mulheres grávidas têm desejos porque são pessoas como qualquer outra, mas com uma vantagem particular: têm uma permissividade maior, tanto de si mesmas quanto da sociedade, para satisfazer a esses desejos, pois os expressam mais (e são mais atendidas).

Em muitos países ocidentais, há uma série de crenças e costumes que até encorajam esses desejos e essa satisfação. Como já foi mencionado, e é bem conhecido, as gestantes são como qualquer outra pessoa com relação a seus desejos culinários: o que mais desejam comer são *brownies*, pizzas e sorvetes, entre outras iguarias.

Então, se você quiser cuidar da saúde da futura mãe, a despeito de ela gestar ou não alguém extremamente importante para a humanidade, os conselhos para satisfazer a seus desejos devem se basear no que, reconhecidamente, é a melhor nutrição para aqueles meses, e *não no que se acha e parece fazer sentido*, pois quase sempre isso não acontece.

UMA MAÇÃ PODRE PODE MESMO APODRECER AS OUTRAS?

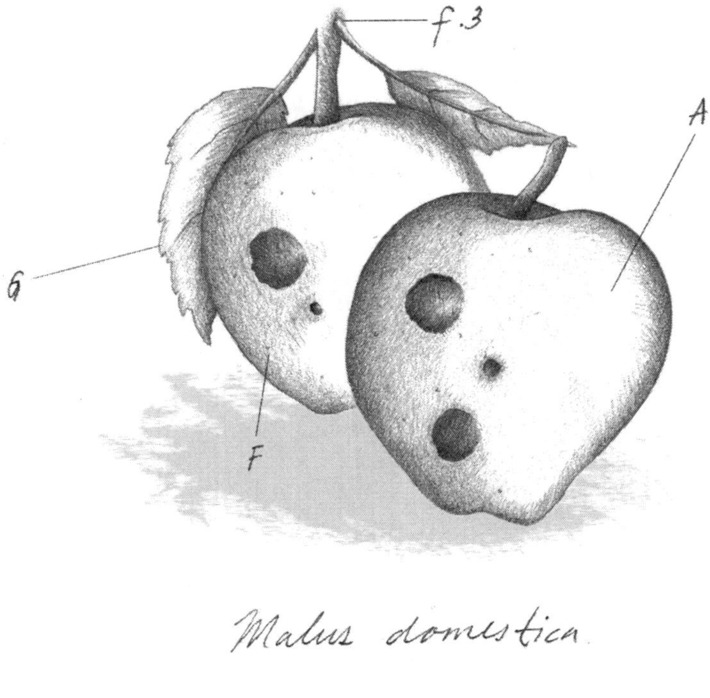

Um engravatado, com preocupação e prestes a chorar, entrou em contato com o LIMMS com duas dúvidas: a primeira era saber se de fato uma maçã podre contamina as demais; a segunda, o principal motivo de sua consternação, era se ele poderia ser uma maçã (podre). Em seu local de trabalho, sempre se referiam a ele como um fruto em processo de decomposição, em geral uma maçã, e evitavam sua presença. Assim, sua confusão estava bem fundamentada.

Em relação à primeira pergunta, a resposta é sim: uma maçã podre pode acelerar o processo de amadurecimento de outras até apodrecer.

POR QUÊ?

As plantas, não sendo capazes de se mover, ver ou emitir sons, têm uma linguagem baseada em substâncias químicas, em particular os hormônios que "viajam" dentro delas. Alguns hormônios também são capazes de viajar para fora por serem gasosos. Entre eles, o etileno.

Tal hormônio é responsável tanto pelas maçãs maduras quanto pelas bananas pretas. O etileno promove a maturação de todas as frutas, ou seja, a conversão do amido delas em glicose.

Essa maturação é uma estratégia fundamental para as plantas com frutos: quanto mais glicose os frutos tiverem, mais doces e saborosos serão. Portanto, haverá uma quantidade maior de pequenos animais dispostos a roubá-los e levá-los para degustá-los, passá-los por seu sistema digestivo e evacuá-los em lugares distantes. Frutos maduros e deliciosos são "os ganchos" para os animais moverem as sementes de um lugar para outro. No entanto, essa estratégia é também a causa da podridão.

Os pequenos animais não são os únicos atraídos por frutas maduras. Além do sabor, outras mudanças no processo de maturação servem como um delicioso convite aos microrganismos. Assim, quando a casca se torna mais fina, a fruta fica mais suscetível a danos físicos, e por meio deles entram vários fungos e bactérias responsáveis pelo apodrecimento da fruta.

Desse modo, quanto mais madura é uma fruta, mais etileno ela produz, e quanto mais etileno produz, mais próxima está de apodrecer. Como o etileno é um hormônio gasoso que pode passar para o exterior, a comunicação com as frutas em volta acelera seu processo de maturação e, por consequência, seu eventual apodrecimento.

Isso é uma má notícia se você quiser maçãs maduras, mas boa se o objetivo for seus tomates deixarem de ser verdes. Como o etileno é um hormônio universal nas plantas, uma maçã se comunica tão bem com outras maçãs quanto com o tomate ou qualquer outro fruto, o que às vezes pode ser útil.

Imagine que não há abacates maduros no mercado, apenas verdes. Então, você corre o risco de uma onda maciça de mau humor durante as três refeições de todo mexicano. O problema pode ser em escala nacional, mas, graças às maçãs podres e à comunicação pelo etileno, isso pode ser evitado.

Sobre a segunda pergunta do engravatado, só pudemos lhe dar um abraço. Ele respondeu com desgosto, dizendo que, na verdade, não éramos bons em nada além de dar respostas mais ou menos sérias a perguntas completamente sérias.

OS ADOÇANTES ARTIFICIAIS SÃO TÃO RUINS QUANTO DIZEM?

Como tantas outras perguntas feitas ao LIMMS, a resposta depende de várias coisas, em especial de quem está por trás do "dizem". Se são "os fabricantes de adoçantes artificiais", eles são definitivamente piores do que "dizem". Mas se o "dizem" são as páginas do Facebook com conselhos fundamentados em crenças, os adoçantes artificiais são bem melhores do que "dizem". Como podemos ver, tudo depende de quem está enviando a mensagem. O que não depende é a evidência científica.

Os humanos adoram o sabor doce, o que é um perigo, porque quase todos os alimentos que o contêm, tais como pães, massas e açúcar, podem causar excesso de peso, obesidade, diabetes e cáries se consumidos em excesso (uma das coisas mais fáceis do mundo). Um adoçante artificial é destinado a ser menos calórico que o açúcar e dar o sabor doce aos alimentos. Por essa razão, muitas pessoas consideram seu consumo saudável, enquanto, para outras, pode até ser fatal.

Existem vários adoçantes artificiais, como a sacarina e a sucralose, mas provavelmente o aspartame é o que causa mais medo. Durante os anos 1990, sugeriu-se que seu consumo poderia estar relacionado a tumores cerebrais e outros tipos de câncer, o que despertou preocupação não só da população, mas também do governo dos Estados Unidos (que em geral está mais preocupado com a saúde de sua população).

O aspartame é adicionado a milhares de produtos e consumido por milhões de pessoas. Assim, se o boato fosse verdadeiro, isso se tornaria um problema de proporções epidêmicas. Vários estudos foram feitos, e todos concluíram que não há risco de câncer por causa do aspartame (ou qualquer outro adoçante artificial) para ninguém, mesmo para bebês e grávidas. A menos que você seja um bebê ou uma grávida com fenilcetonúria.

A fenilcetonúria é um distúrbio genético muito raro. As pessoas que sofrem dela não processam bem a fenilalanina, um aminoácido que, entre outras coisas, compõe o aspartame. Em casos graves, a fenilalanina se acumula no corpo, danificando o sistema nervoso e o cérebro. Desde antes do nascimento, os bebês de gestantes com fenilcetonúria são expostos a altos níveis de aminoácidos, de modo que as consequências podem ser mais graves.

Essa condição afeta, em média, uma em cada 23 mil pessoas. As outras 22.999 podem achar que o uso indiscriminado de adoçantes artificiais não só é inofensivo, como bom — uma sobremesinha depois das refeições melhora o humor, e, se não tiver muitas calorias, o humor aumenta ainda mais. Porém, o que também pode estar aumentando são o peso e o risco de diabetes.

Muito do fato de perdermos ou ganharmos peso não se deve diretamente a nós ou às nossas células humanas. O metabolismo é bastante influenciado pelos processos realizados pelos milhões de bactérias que vivem em nosso sistema digestivo e podem ser consideradas parte de nós. Isso porque funções essenciais como digestão e assimilação de nutrientes dependem delas, o que chamamos de microbiota intestinal. Sacarina, aspartame e sucralose, três dos mais populares adoçantes artificiais, alteram essa comunidade benéfica de microrganismos.

O que parece acontecer é que tais produtos promovem o crescimento de certas bactérias que impedem que as células humanas tirem proveito da glicose. Em outras palavras, tornam uma pessoa intolerante à glicose, fazendo com que a molécula permaneça mais tempo do que o normal no sangue, o que pode levar à obesidade e ao diabetes.

O caminho que levou a essas descobertas foi sinuoso e cheio de percalços, mais ou menos como aquele percorrido pela matéria fecal ao passar por nosso corpo. Só que, nesse caso, a matéria fecal passou por vários corpos por ocasião de uma experiência.

A investigação começou com ratos. Alguns foram alimentados com sacarina; outros, com açúcar normal. Os primeiros desenvolveram intolerância à glicose após vários dias. E, então, fez-se o que tinha de ser feito: um transplante fecal.

O transplante fecal é exatamente o que o nome indica: coletar amostras fecais de um indivíduo e introduzi-las em outro. Em geral, faz-se isso por meio de um tubo que vai do reto ao intestino e, às vezes, de um tubo que entra pelo nariz. Não soa bonito, não é bonito, mas seu propósito nunca foi o de ser bonito.

Ao passar a microbiota dos ratos "adoçados" para os saudáveis, esses últimos desenvolveram intolerância à glicose, apesar de nunca terem ingerido adoçantes artificiais. Isso mostrou que, de fato, é a microbiota que promove tal intolerância.

Então, se você for uma pessoa com fenilcetonúria (e provavelmente já sabe disso) ou um rato (com certeza não é), certos adoçantes artificiais são ruins. O problema dos experimentos com animais, além do fato de muitas vezes causarem um sofrimento terrível, é que nem tudo pode ser extrapolado para a espécie humana. Desse modo, os pesquisadores decidiram mudar de espécie e dar a várias pessoas a dose máxima recomendada de sacarina (o equivalente a cerca de 40 latas de refrigerante light) para ver o que acontecia.

Depois de menos de uma semana, metade das pessoas começou a mostrar sinais de intolerância à glicose. Essa mesma metade mostrou uma microbiota específica, o que mais uma vez sugeriu que as bactérias intestinais foram responsáveis por essa mudança. Assim, fez-se o que devia ser feito em nome da ciência: mais transplantes fecais, dessa vez de humanos para camundongos. E ocorreu o que estava previsto: após o transplante, os camundongos desenvolveram intolerância à glicose.

Depois desses experimentos, os adoçantes artificiais não parecem ser tão bons quanto alguns dizem, mas também não tão ruins quanto dizem outros (como vimos com os estudos que mencionamos no início, eles não produzem câncer, apesar de 80% das publicações compartilhadas no Facebook sobre o assunto afirmarem isso). Embora, do ponto de vista dos ratos, sejam definitivamente bem piores do que lhes foi contado.

POR QUE EU NÃO GOSTAVA DE CERVEJA QUANDO ERA CRIANÇA E AGORA GOSTO?

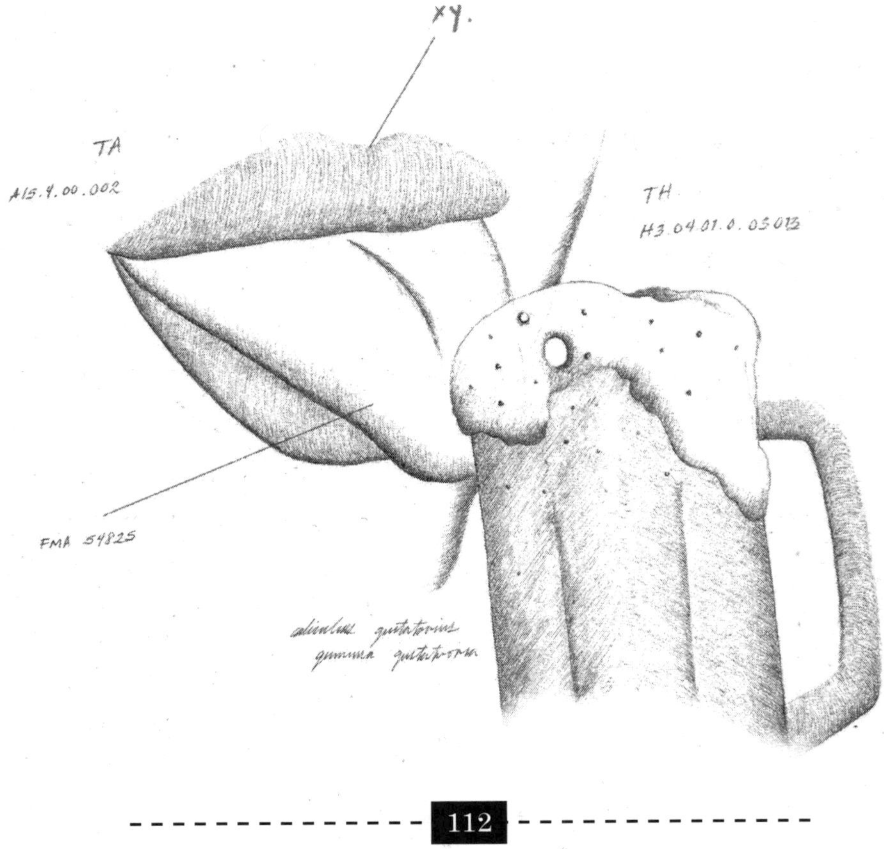

Muitas coisas mudam com a idade: o tamanho aumenta (para cima e para os lados), o riso diminui e, com quase todo mundo, o gosto pela cerveja cresce, algo provavelmente correlacionado com o aumento do tamanho para as laterais. A percepção de gostos e preferências se altera ao longo da vida, em parte graças a questões culturais e experienciais, em parte graças à genética e, sobretudo, porque tudo no corpo se desgasta.

Ao nascer, há aproximadamente 30 mil papilas gustativas em toda a boca, que se perdem com a idade. Quando chegamos à idade adulta, só nos restam 10 mil, e somente na língua. A intensidade dos sabores para bebês e crianças é bem maior do que em qualquer outra etapa da vida. Tudo tem o gosto amplificado.

Em geral, o doce contém carboidratos e gorduras, nutrientes necessários para o crescimento das crianças. Espera-se, evolutivamente falando, que as crianças sejam atraídas por esse sabor, pois é o alimento que lhes dará mais chances de sobrevivência, sem contar que se mostra muito agradável. Mas quando se percebem gostos amargos, como a cerveja, eles são extremamente desagradáveis. Além disso, gostos amargos na natureza costumam ser associados a coisas venenosas e devem, portanto, ser evitados. Dessa forma, é natural que muitos vegetais, tais como o brócolis, sejam realmente um suplício para as crianças, e não apenas uma birra para chatear os pais. Por fim, com a perda das papilas gustativas, o amargo deixa de ser tão amargo, e podemos comer brócolis sem resignação e beber cerveja com gosto.

Além disso, algumas pessoas têm uma sensibilidade maior ao sabor amargo em razão de uma variante de um gene chamado *TAS2R38*. As crianças com essa variante detectam o amargor mais facilmente do que aquelas que não o têm e se transformam em adultos que bebem espumante sabor de pêssego em festas. Embora a sensibilidade seja genética, ela diminui com a idade, e os adultos deixam de detectar o amargor com tanta intensidade.

Somados a isso, há os fatores cultura e experiência. Uma grande parte do nosso gosto é moldada pelos costumes do dia a dia. Se formos repetidamente forçados a comer algum alimento, é provável que o associemos a uma experiência negativa — desse modo, nunca gostaremos, por exemplo, do suflê de couve-flor que nosso tio rabugento cozinhava todos os dias. Mas se uma bebida, mesmo que nos seja amarga, estiver associada a celebração, comunidade e pertencimento, é possível que se torne um gosto adquirido.

É o caso da cerveja e até de outras bebidas, como o café. Quase nenhuma criança gosta, mas elas estão associadas à ideia de "ser grande", o que leva a imitar os adultos que os ingerem. Por meio da repetição, o cérebro se reconfigura para que, aos poucos, comece a desfrutar de algo que antes era insuportável. Em geral, a adolescência é uma etapa fundamental na formação desse gosto pelo álcool, o que explica por que as bebidas alcoólicas superadoçadas são tão populares entre pessoas mais jovens: seus paladares oscilam ainda entre o infantil e a pressão social.

Em poucas palavras, gostamos da cerveja porque aprendemos a querê-la e porque nosso paladar está um pouco morto. É a mesma razão de gostarmos de sabores fortes como os dos queijos muito curtidos, dos fermentados e das anchovas. Não se deve ao fato de os paladares serem mais sofisticados, e sim de estarem mais inertes.

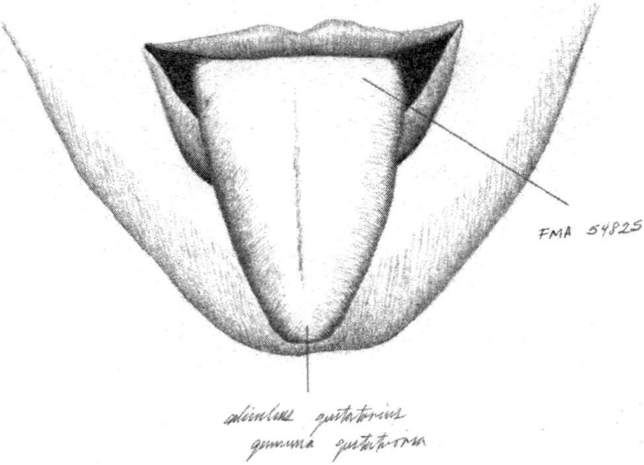
FMA 54825
caliculus gustatorius
gemma gustatoria

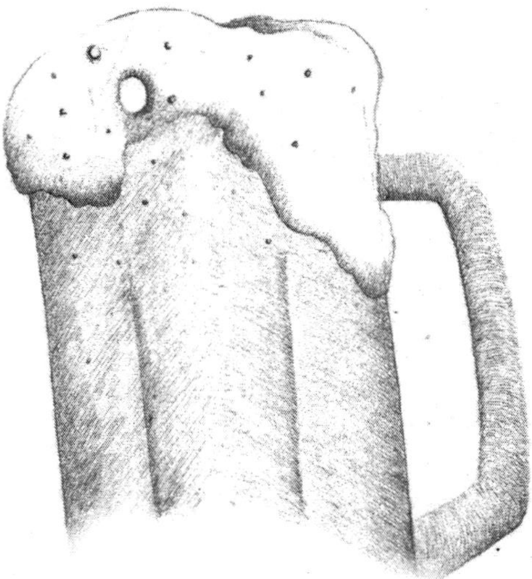

O GLUTAMATO MONOSSÓDICO FAZ MAL?

Para Mary, a noite começou como qualquer outra: com um tremendo desejo por comida chinesa. Assim foi feito. Então, em seu restaurante favorito, comeu arroz frito, *wontons*, costeletas com molho agridoce, rolinhos primavera, e ainda sobrou espaço para dois biscoitos da sorte. Nenhum deles anunciou o que estava por vir.

Mary foi parar no hospital com uma série de sintomas estranhos. Transpiração, dor de cabeça, coceira no pescoço, queimação, dor no peito, dormência nos braços e náusea. Ela foi diagnosticada com síndrome do glutamato monossódico.

Como Mary, várias pessoas, em especial nos Estados Unidos, começaram a apresentar os mesmos sintomas, sobretudo depois de comer comida chinesa. A internet e a opinião pública fizeram o que fazem de melhor: proteger a humanidade sem nenhuma base em evidências. O glutamato monossódico virou o inimigo número um dos alimentos, a ponto de os restaurantes colocarem placas explicando que não utilizavam esse ingrediente, o qual, sabemos agora, é inofensivo.

O glutamato monossódico é um aroma artificial que simula o glutamato, um aminoácido encontrado em muitos alimentos, tão perigosos quanto o leite materno. O glutamato, ou "umami", é considerado o quinto sabor, embora seja difícil descrevê-lo, pois ele realça e harmoniza os outros gostos. Então, talvez a descrição mais apropriada seja a de que é o sabor do sabor, que tem a qualidade de ficar mais tempo na boca do que qualquer outro gosto e de intensificar os outros.

O glutamato monossódico (GMS) é um sal glutamato que, em composição química, é idêntico ao aminoácido encontrado naturalmente nos alimentos.

Apesar da reputação do GMS e seus "efeitos" sobre a saúde, não há evidências científicas de que ele cause algum problema. Pelo contrário, há evidências de que não causa nenhum. Várias experiências têm sido realizadas tanto em ratos quanto em humanos, e os resultados sugerem que os sintomas da suposta síndrome aparecem quer o GMS seja ou não consumido; em algumas pessoas, sim e, em outras, não. Quer dizer, não existe tal síndrome.

Sabendo disso, deve-se ressaltar que há poucas pessoas que podem responder mal ao GMS em grandes quantidades, mas realmente grandes. Num dia típico, mesmo quando se come num restaurante chinês, a dose média de GMS não ultrapassa 0,6 grama. Em pessoas sensíveis ao GMS, a dose que causa desconforto é de 3 gramas, o que dificilmente pode ser ingerido em condições fora de laboratório.

A menos que Mary fosse uma dessas poucas pessoas, o que deve ter acontecido com ela foi mera sugestão e paranoia, além de uma baita indigestão. O glutamato monossódico não faz mal; o que faz mal é comer em excesso.

POR QUE A CANJA É REALMENTE TÃO BOA PARA A GRIPE?

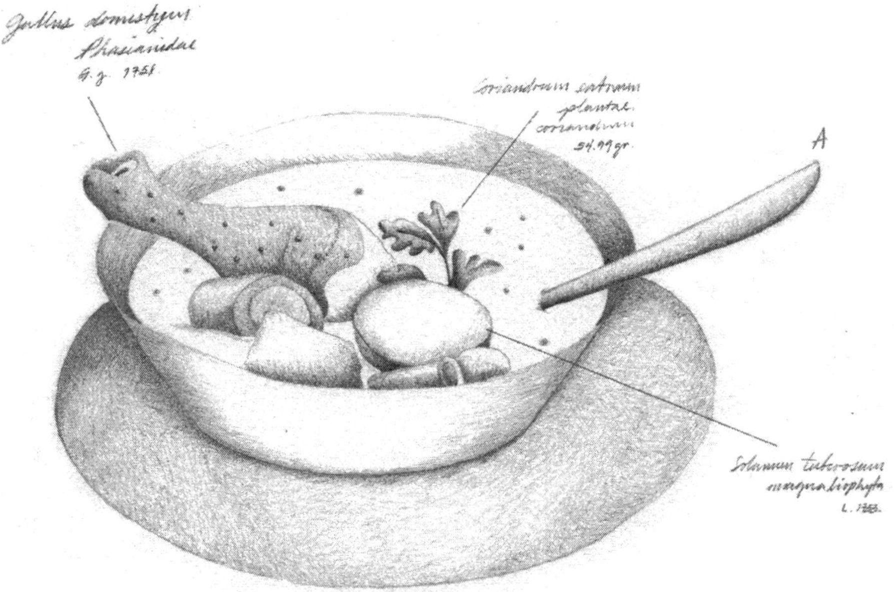

O setor mais antigo do LIMMS, "vovós sabichonas", criado há 800 anos, conquistou mais uma vez uma medalha. A canja de galinha, remédio tido como auxiliar na gripe desde os primórdios, enfim tem validação científica. As "vovós sabichonas" se parabenizam não por si mesmas, mas pela ciência — afinal, elas não precisam de validação alguma.

A maioria dos sintomas irritantes da gripe tem uma causa comum: o inchaço dos tecidos. O sistema imunológico é responsável pela inflamação ao enviar células especiais, chamadas neutrófilos, para as vias respiratórias a fim de atacar corpos estranhos nocivos. Os neutrófilos têm a característica de promover secreções nos tecidos, que podem causar tosse, muco e inflamação, o que, paradoxalmente, aumenta a propensão para o aparecimento de mais infecções.

A canja de galinha, oficialmente conhecida como "receita da vovó", inibe a atividade dos neutrófilos, evitando todo o conjunto de sintomas que eles provocam. Para testar isso, preparou-se uma canja e foram feitas várias diluições, para depois adicioná-las a amostras de sangue com neutrófilos. Quanto menos diluída a canja, melhor a atividade inibitória.

Para tentar resolver o mistério sobre qual componente da canja produz esse efeito, voltou-se à receita retirando-se amostras a cada passo. Quando se adiciona o frango primeiro, o caldo feito apenas com esse ingrediente não funciona. Mas se experimentarmos o mesmo caldo após adicionar um punhado de legumes, o efeito aparece.

A identidade do(s) ingrediente(s) ativo(s) permanece um mistério, pois, enquanto o caldo preparado só com vegetais tem efeito inibidor, acompanhando-se a "receita da vovó" do frango com vegetais, consegue-se resultado muito melhor, potencializando-se uma sinergia que nenhum dos ingredientes mostra individualmente.

Em humanos *in vivo*, ou seja, aqueles em situações em que uma avó de verdade prepara uma canja com amor (em vez de adicioná-la a amostras de sangue num laboratório), isso parece ter benefícios adicionais. A ingestão de líquidos quentes tem demonstrado estimular o fluxo nasal e diminuir os sintomas de congestão respiratória. Além disso, o poder de nossa mente e as relações que fazemos com a comida também podem ser muito fortes. A canja, em particular, proporciona conforto e sensação de conexão e acolhimento em muitas pessoas.

Vale ressaltar que tudo isso é algo que o departamento das "vovós sabichonas", como o nome indica, já sabia.

POR QUE O TOPO DO MUFFIN É MELHOR QUE O RESTO?

A luta pela casquinha do muffin é algo que pode reunir pessoas de todo o mundo, de todas as idades, em qualquer cultura que tenha muffins. Essa parte é especialmente deliciosa e cobiçada. Aqui está o segredo: o gosto da parte de cima do muffin não está tão relacionado aos ingredientes, mas ao lugar onde são encontrados.

Quando se combinam açúcar ou carboidratos com proteínas na presença de calor, ocorre uma reação química chamada "reação de Maillard". Durante o processo de cozimento dos muffins, a umidade começa a diminuir de fora para dentro. Desse modo, por fora, com menos água, a temperatura aumenta e os açúcares se derretem mais do que por dentro. Então, partículas especiais, produzidas pela reação de Maillard, começam a se formar por fora, dando ao topo do muffin uma cor dourada, com textura crocante e sabor delicioso.

A reação de Maillard não ocorre só nos bolos, mas em quase todos os alimentos que contenham carboidratos e proteínas expostos a muito calor com um pouco de umidade. O propósito de "selar" carnes — frango, bife, atum ou o que quer que seja selável — não é evitar que os caldos vazem, e sim formar essas partículas de sabor e cor. Portanto, o douramento não é produzido por estarem queimando, mas pela reação química que ocorre.

Assar, grelhar e fritar são os processos que produzem mais reação de Maillard. Por esse motivo, a cor dos alimentos muda, provocando novos sabores, texturas e aromas. Graças a isso, o mesmo produto — por exemplo, um filé de peixe — tem um cheiro diferente quando é cozido do que quando é frito. É também por isso que se carameliza a superfície de um bife assado para lhe dar um toque de sabor. Quanto mais açúcar ou proteína houver, mais forte será a reação do Maillard.

Nos muffins, as partículas produzidas por essa reação têm propriedades antioxidantes (para o próprio muffin, não para a pessoa que o consome). Isso significa que elas evitam a oxidação — em outras palavras, mantêm o produto em boas condições por mais tempo. Portanto, se a disputa pelo topo leva vários dias para ser resolvida, a causa da discórdia também será a causa do seu prolongamento por um longo tempo.

PARTE 3

NATUREZA

QUEM É MELHOR: O CÃO OU O GATO?

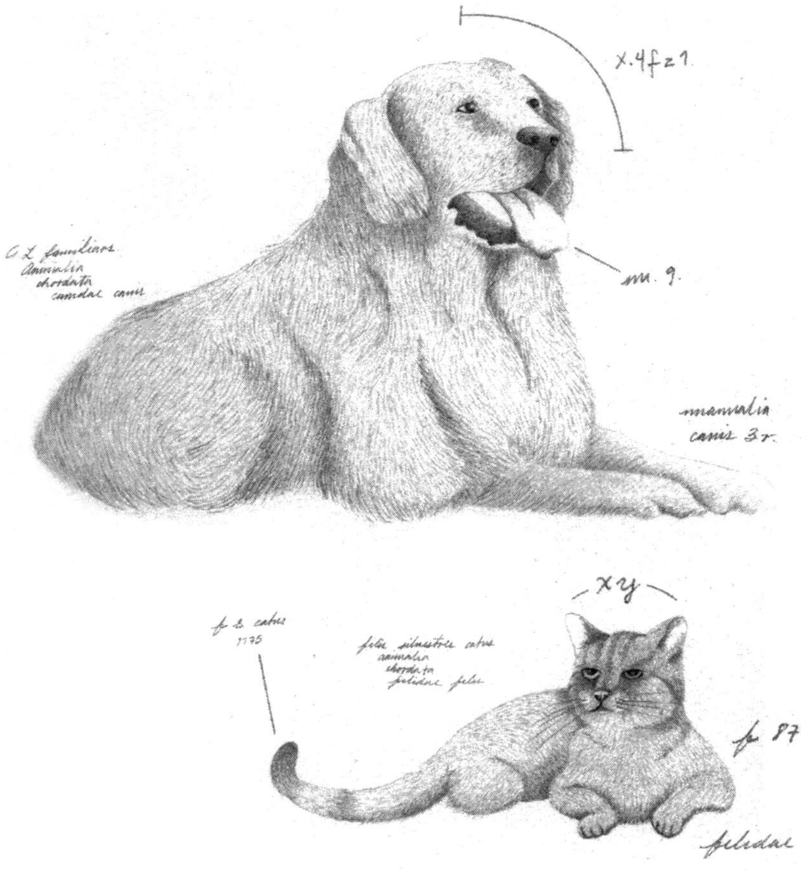

Poucas vezes no LIMMS foram vistas discussões mais acaloradas quanto a que animal de estimação é melhor: cão ou gato. De cada lado da disputa, há uma quantidade impressionante de argumentos, todos absurdos. Por isso, em apoio à comunidade, fizemos uma lista de argumentos e contra-argumentos que pode contribuir para a discussão continuar acalorada, porém com mais lógica.

ARGUMENTO A FAVOR DOS CÃES

Provavelmente, têm mais amor pelos humanos do que os gatos.

Na ciência, o amor não se mede por palavras, gestos ou lambidas, mas pelo nível de oxitocina, um neurotransmissor relacionado a sentimentos de apego e confiança. Os humanos produzem oxitocina ao ter um encontro agradável com um estranho. Essa oxitocina duplica se o encontro for com alguém que conhecemos e aumenta ainda mais se for com alguém que amamos, como nosso companheiro ou nosso filho. Mas raramente produzimos tanta oxitocina quanto os cães quando brincam com as pessoas.

Uma interpretação é que os cães amam mesmo seus humanos, ou pelo menos seus cérebros estão disparando sinais de amor. Por outro lado, nos gatos, os níveis de oxitocina chegam a apenas 20% do que os cães produzem. As evidências apontam para o fato de que os cães, de fato, nos amam muito mais do que os gatos.

CONTRA-ARGUMENTO A FAVOR DO GATO

O experimento que acabamos de mencionar foi feito com 10 gatos e 10 cães num laboratório. Os gatos, sabemos, estranham com facilidade territórios que não são os seus. É muito provável que tenham ficado estressados, o que os impediu de liberar oxitocina. Certamente teríamos resultados diferentes se tal neurotransmissor fosse medido quando os filhotes estivessem aninhados ronronando em nosso colo.

ARGUMENTO A FAVOR DOS CÃES

Os cães têm mais neurônios, o que talvez os tornem mais inteligentes.

O cérebro dos mamíferos tem uma camada externa e enrugada cheia de neurônios, chamada córtex cerebral. Acredita-se que, quanto mais neurônios existirem nesse lugar, maiores são o processamento de informações e, portanto, a capacidade cognitiva. Isso significa que a resolução criativa de problemas, algo pelo qual também se mede a inteligência, é maior.

Os seres humanos têm, aproximadamente, 16 bilhões de neurônios no córtex cerebral, o maior número até onde sabemos. Os cães têm 530 milhões, e os gatos, 250 milhões. Nesses termos, os cães são mais espertos que os gatos.

CONTRA-ARGUMENTO A FAVOR DOS GATOS

O que é a inteligência? Basear sua definição pondo a capacidade humana como um topo inalcançável é algo bastante tendencioso. Os gatos podem ter 250 milhões de neurônios, e isso é o suficiente para ignorar nossos chamados e cobrir os próprios excrementos. Os cães, com mais do dobro do número de células cerebrais, são dóceis, fazem o que pedimos e, muitas vezes, comem os excrementos alheios. Os humanos, com insuperáveis 16 bilhões de neurônios, recolhem as fezes tanto de cães quanto de gatos e passam um tempo considerável vendo fotos deles em redes sociais. Provavelmente, o número de neurônios não é um indicador confiável de inteligência.

ARGUMENTO A FAVOR DOS GATOS

Os gatos continuam semisselvagens, e isso é incrível

Há milhares de anos, os humanos selecionam alguns animais com base em certas características que lhes agradam ou que lhes dão algum benefício. Por exemplo, as vacas por seu leite, as galinhas por seus ovos, os lobos (que deram origem aos cães) por sua docilidade. Nos gatos, não

vimos nada, mas eles viram algo em nós: muitos grãos e, com eles, muitos roedores.

O genoma dos gatos domésticos tem revelado que eles mesmos fizeram sua domesticação, pois carregam genes que os fazem ter menos medo de novas situações e de buscar recompensa por suas ações. Não há nada que indique que tenham alguma característica que beneficie os seres humanos. Simplesmente, foram os gatos menos tímidos e mais chantageadores que se aproximaram das populações humanas. Assim, eles mesmos começaram sua domesticação há cerca de 6 mil anos, tempo muito curto para seus traços selvagens desaparecerem, como a independência da humanidade, a visão noturna e a capacidade de ingerir muita proteína e gordura. Por outro lado, os cães estão conosco há 30 mil anos, e sabe-se que selecionamos os mais mansos para nos acompanhar.

Isso nos levou a supor que os gatos nos veem como filhotes meio bobos e inofensivos que eles toleram (e às vezes não tanto, de acordo com observações de todos os humanos que vivem com gatos). Assim, viver com um gato é um desafio e traz mais emoções para o dia a dia.

CONTRA-ARGUMENTO A FAVOR DOS CÃES

Quem iria querer um animal semisselvagem vivendo sob o mesmo teto? A semelhança de personalidade que os gatos têm com os leões, felinos que sem dúvida consideramos perigosos, nos leva a supor que, se houvesse oportunidade, nossos "animais de estimação" tentariam nos matar.

ARGUMENTO A FAVOR DOS GATOS

Apesar de serem meio selvagens, preferem o contato humano ao alimento

Pesquisadores preocupados em saber se seus gatos os amavam ou apenas fingiam amá-los porque davam comida para eles desenvolveram uma experiência na qual apresentaram aos felinos estímulos de quatro categorias: interação social humana, brinquedos, comida e cheiro. A maioria dos gatos prefere a interação com humanos e, depois, a alimentação.

Se alguém já viu o comportamento de um cachorro quando lhe é mostrado um prato de comida, saberá que o mesmo dificilmente se pode dizer dos caninos, ainda que isso não tenha sido cientificamente comprovado.

CONTRA-ARGUMENTO A FAVOR DOS CÃES

O amor nasce no estômago. É um fato conhecido.

CONCLUSÃO:

Depois de apresentar tais argumentos e contra-argumentos ao grupo piloto formado na sede do LIMMS, a discussão entre amantes de cães *versus* amantes de gatos rapidamente se tornou absurda e irracional. Nossa conclusão é que, apesar de todas as evidências científicas disponíveis, cada indivíduo demonstrará uma preferência particular por cães ou gatos mediada pela emoção, e não pela razão. Afinal, assim é o amor.

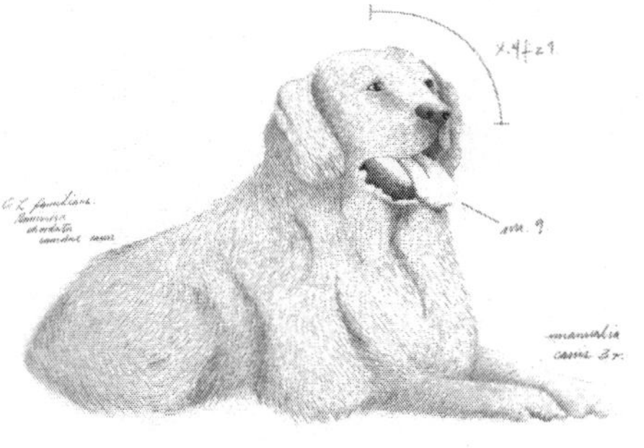

QUAIS SÃO OS EFEITOS DA LUZ ARTIFICIAL NA BIODIVERSIDADE?

Como mais ou menos sérios entusiastas da International Dark-Sky Association,* no LIMMS estamos comprometidos com três coisas:

1. **Preservar o céu noturno.**
2. **Conscientizar sobre os efeitos da luz artificial na biodiversidade.**
3. **Escutar *new wave* enquanto olhamos as nuvens.**

Para o ponto 1, temos algumas recomendações. Para o 2, responder a perguntas como essa nos faz bons membros da comunidade. O ponto 3, só nos demos conta depois, foi

* The International Dark-Sky Association é um grupo internacional cuja missão é proteger e preservar o céu noturno e o ambiente em volta, pela promoção de iluminação exterior responsável. É uma associação superimportante quanto à eliminação da poluição luminosa em nível mundial.

resultado de má interpretação do nome da International Dark-Sky Association, mas, após algumas semanas fazendo isso, converteu-se num hábito que adotamos com gosto.

Poucas vezes nos damos conta de que, a cada ponto de iluminação artificial (de casas, automóveis, postes públicos, anúncios etc.), perdemos a escuridão no mundo. E não em sentido figurativo, mas literalmente.

Isso priva a humanidade de desfrutar o céu noturno para observar as estrelas, a Lua, a Via Láctea e outros corpos celestes, o que tem sido importante para praticamente todas as culturas por milhares de anos. Porém, mais assustador ainda é que, ao longo de milhões de anos, a maioria das espécies, inclusive a nossa, evoluiu sob condições naturais de luz e escuridão. Quase todas as funções biológicas (como a secreção de certos hormônios, o início ou o fim de certos ciclos, como a reprodução) dependem dessas condições, que se desequilibram ou quebram com a luz artificial.

Essas funções estão relacionadas a alguns dos sinais fornecidos pela luz natural: intensidade, ritmo e composição espectral (se a luz for mais azul ou mais avermelhada). Listar todos os efeitos da luz artificial sobre a biodiversidade seria uma tarefa muito extensa, por isso vamos citar apenas alguns sob o critério da arbitrariedade e dos seres vivos de que mais gostamos: plantas, pássaros e o mamífero que você pode ver ao olhar no espelho.

Para as plantas, o ritmo e a intensidade da luz informam a elas a duração do dia, que, por sua vez, indica em que estação do ano estão. Com essas informações, elas iniciam a floração, a liberação de sementes, a perda de folhagem ou outros processos de sua vida. A iluminação pública altera essa progressão anual dos processos mencionados, às vezes apenas do lado que está sob o alcance de um poste na rua. Há árvores que têm flores de um lado e não do outro, o que proporciona paisagens urbanas únicas, mas altera o ciclo de vida das plantas, que por sua vez pode modificar o dos herbívoros e de outras espécies às quais estão ligadas.

Algo parecido acontece com muitos animais para os quais a duração do dia ativa processos para iniciar diferentes estágios de sua vida, como a reprodução, que em geral ocorre na primavera. Isso fez com que algumas aves urbanas começassem a desenvolver seu sistema reprodutivo mais cedo, pois estão expostas a quase uma hora a mais de "dia"; as luzes artificiais confundem sua fisiologia, fazendo-as acreditar que a noite chega mais tarde. O resultado é que essas aves começam a reprodução até 19 dias mais cedo.

Para as aves migratórias noturnas, que se localizam graças à Lua e às estrelas, as luzes noturnas dos edifícios ou torres as fazem vaguear e se desviar de suas rotas, direcionando-as para cidades ou céus iluminados onde há edifícios, com os quais se chocam e morrem aos milhões a cada ano.

Toda uma série de calamidades associadas à luz artificial também ocorre com os mamíferos. Muitas estão relacionadas a um hormônio produzido durante períodos de escuridão chamado melatonina, que é responsável pela regulação dos ciclos de sono e vigília. A melatonina também estimula o sistema imunológico, protege as células e evita que os tumores se espalhem pelo corpo. Portanto, se o equilíbrio da melatonina for quebrado, muitas outras coisas são quebradas junto.

Para exemplificar a devastação da deficiência de melatonina, vamos pegar o caso do animal que mais foi estudado: o ser humano.

A melatonina em humanos é produzida na glândula pineal, localizada no centro do cérebro, que permanece em repouso durante o dia e é ativada pela escuridão durante a noite. A melatonina faz com que as pessoas se sintam menos alertas e mais sonolentas. Os níveis de melatonina permanecem altos durante toda a noite até a luz voltar a inativar a glândula pineal.

A luz suprime a melatonina, sobretudo as luzes de espectro branco ou azul, o que não seria um problema se a luz que tivéssemos fosse apenas a do Sol, que se "apaga" todas as noites. No entanto, luzes artificiais brancas são abundantes e tornam a noite não tão escura: holofotes (mesmo que afirmem ser luz quente), computadores, *smartphones*. Não é surpresa que os transtornos do sono estejam se tornando cada vez mais comuns na sociedade, que, mesmo desligando os aparelhos eletrônicos, está exposta a pouca escuridão. A supressão da melatonina também aumenta o risco de obesidade, depressão, diabetes e alguns tipos de câncer, em particular o de mama.

A melhor maneira de evitar todo esse desastre é deixar tudo escuro: apagar as luzes, em especial durante o nascer e o pôr do sol (que são os momentos de maior informação sobre a duração do dia para os animais). Fechar bem as cortinas para que a luz do exterior não entre. Incentivar uma iluminação pública que tenha somente luz suficiente para ver onde se está andando e não para fingir que ainda é dia. Se quiser ouvir *new wave* para sentir mais a escuridão, pode-se fazer isso, mas recomendemos ver o céu noturno em silêncio total, pois assim o sentimos melhor.

POR QUE HÁ PARDAIS AONDE QUER QUE EU VIAJE?

Quando se viaja, não importa qual seja o destino, o mais provável é que você encontre:

- ☐ Turistas de bermudas
- ☐ Pardais
- ☑ Todas as anteriores

Esses familiares passarinhos de coloração cinza e marrom que andam saltitando vivem quase no mundo todo, ainda que originalmente sejam da região do Oriente Médio, da Eurásia e do norte da África. A partir do século XIX, a presença deles começou a se expandir em todo o mundo, e hoje é a ave que está em mais lugares do planeta, graças a dois fatores principais:

1. **A extraordinária capacidade de dispersão de seus transportadores, os humanos.**
2. **Tolerância e apreço por esses transportadores e as condições em que vivem.**

O lugar favorito para os pardais é qualquer assentamento humano. Onde quer que haja cidades ou povoados, há pardais. Em grandes pradarias e matas primitivas, é raro encontrar o canto dessas aves, pois elas gostam de uma vida louca, ou seja, viver junto a nós. A principal razão é que fornecemos a eles grandes quantidades de comida graças ao cultivo de cereais, o que não parece uma vida tão ruim. Quem leva a pior nessa relação são humanos, já que os pardais, por vezes, se tornam pragas difíceis de eliminar, que destroem colheitas, transmitem doenças e ameaçam a biodiversidade nativa.

De modo deliberado ou por acidente, sobretudo por este último, as pessoas levaram essas aves em suas movimentações pelo mundo. Assim, chegaram em 1851 à América do Norte e, alguns anos depois, ao centro e ao sul desse continente, toda a África, Austrália, Nova Zelândia, Japão e ilhas do Pacífico, como o Havaí. A grande vantagem que a colonização global lhes deu não é apenas o fato de terem se apegado aos humanos, mas também os poucos laços com relação a seu habitat.

Todas as espécies vivem melhor sob certas condições e pior sob outras. Esse "pior" pode até levar à extinção, o que muitas vezes ocorre diante de mudanças ambientais. Para o pardal, as condições ambientais em que ele é feliz e calmo são vastíssimas; ele tolera quase todos os climas. O único continente que ainda não conquistou é a Antártida.

Sua tranquilidade diante das coisas novas não se limita aos lugares e ao clima. Em experimentos em que lhes foram oferecidos alimentos novos e variados, como manteiga de amendoim, doces cristalizados, iogurte e comida para cães, não mostraram medo ou repulsa para experimentá-los (os doces foram as únicas coisas que não lhes interessaram, um traço que compartilham com uma garotada nascida nos anos 1980). Isso também pode explicar seu sucesso como invasores: têm mais flexibilidade comportamental do que muitas outras espécies.

Por outro lado, apesar de os turistas de bermudas estampadas mostrarem tolerância a qualquer clima, o comportamento deles não parece tão flexível, algo que se reflete no uso contínuo e estúpido dessa peça de roupa.

OS CÃES PENSAM?

Os seres humanos têm costumes que nos parecem razoáveis. Por exemplo, definir o raciocínio como uma capacidade exclusivamente humana. Sob tal definição, é muito fácil responder se qualquer outra espécie pensa: não.

Essa definição tem parecido pouco razoável para outros humanos, uma vez que, segundo eles, o raciocínio é a capacidade de estruturar e organizar ideias e fatos para chegar a uma conclusão que resolva uma situação ou um problema. Definir o raciocínio como uma capacidade exclusivamente humana resolve um problema, como responder a essa pergunta com uma fácil negativa, mas não leva em conta as evidências sobre como alguns animais chegam a conclusões com base no estabelecimento de conexões causais entre os eventos, ou seja, pelo raciocínio.

Assim, pensar que o raciocínio é apenas algo humano acaba não sendo muito razoável, já que a definição é contrariada por fatos como a experiência a seguir.

Colocou-se um brinquedo debaixo de um recipiente e, ao lado dele, outro recipiente vazio. Alguns cães foram solicitados a encontrar o brinquedo, dando-lhes uma pista: eles mostram apenas o recipiente vazio.

Se os cães pudessem raciocinar, poderiam encontrar o brinquedo apenas com essa pista, pois por exclusão concluiriam que o brinquedo está no recipiente que eles não foram mostrados.

A intervenção humana, porém, é o principal impedimento para que os cães raciocinem.

Quando no experimento é uma pessoa que mostra o recipiente, os cães tendem a tomar seus gestos, olhares e posturas como sinais, o que lhes turva o raciocínio e impede de encontrar o brinquedo. Contudo, eles têm a capacidade de fazer o seguinte: se for dada a pista sem pessoas, por exemplo, com cordas que levantem a tampa do recipiente, encontram o brinquedo na primeira tentativa.

É muito provável que a maioria das expressões em cães que entendemos como raciocínio (como ouvir e nos obedecer) seja antes o resultado de uma aprendizagem gradual para nos entender melhor e melhorar o que estão fazendo. Mas essas não são soluções espontâneas que surgiram por meio de elementos de organização mental de uma situação nova; elas são treinamento.

Talvez quando os cães estejam sozinhos resolvam vários problemas de suas vidas sem nós e todos os sapatos destruídos que encontramos sejam, na verdade, uma solução razoável para seu solitário tédio.

AS PLANTAS TÊM CONSCIÊNCIA?

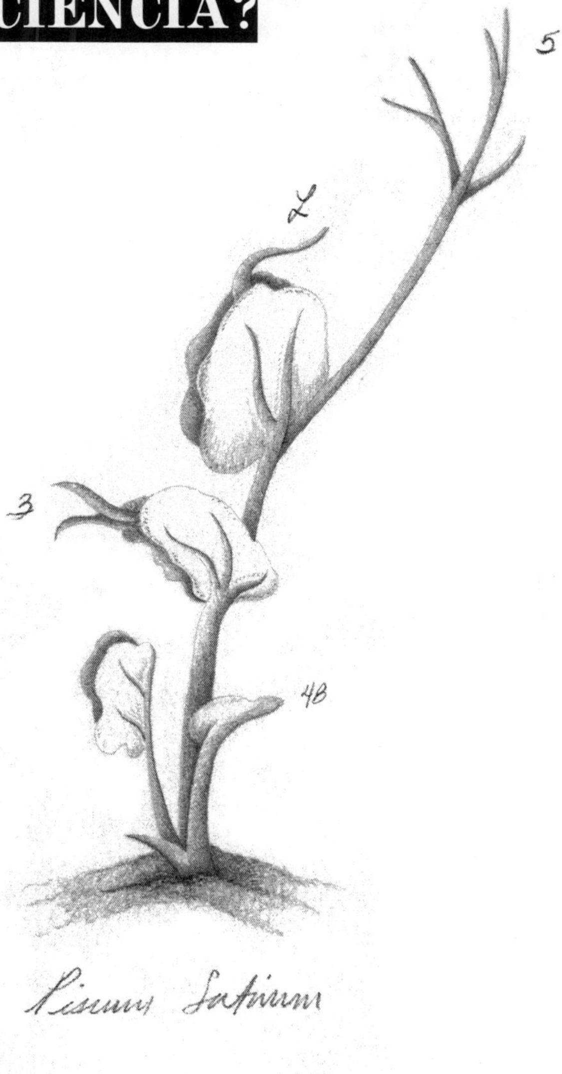

O LIMMS reserva sua opinião sobre a definição de consciência, já que a espécie a partir da qual se definiu esse conceito, a humana, mostra exemplos lamentáveis da falta disso (basta olhar para fora de qualquer janela, a qualquer momento, e observar indivíduos de tal espécie por alguns minutos para comprovar). Portanto, não podemos responder com precisão se as plantas têm consciência ou não. Mas podemos dizer que, tanto quanto sabemos, as plantas têm a capacidade de cheirar, ouvir, sentir, lembrar, aprender e até ser treinadas.

Tudo isso é alcançado sem a necessidade de um cérebro ou de um sistema nervoso. Num dos exemplos de falta de consciência humana, as pessoas tendem a pensar que ter um cérebro é a única e melhor maneira de estar atento ao mundo exterior e ter uma resposta relevante para o que está acontecendo. Mas o cérebro, como qualquer outro órgão, assume uma função que pode ser desempenhada por diversas estratégias muito diferentes.

As plantas, tendo a característica de estar enraizadas no chão, não podem fugir do perigo, perseguir seus alimentos ou mover-se de um lugar para outro para ir atrás da sombra (ou do Sol). Isso as levou a desenvolver adaptações extraordinárias de sensibilidade e percepção em relação a seu entorno, pois, apesar de sua mobilidade limitada, se defendem, se alimentam e, em geral, como qualquer outro ser vivo, buscam o próprio bem-estar.

Para que os humanos, no entanto, com toda a sua consciência, entendam que as plantas são seres sencientes, é preciso um pouco de flexibilidade na compreensão de vários conceitos.

Podemos pensar no olfato. Se pensarmos nisso como a percepção das moléculas no ar e a resposta apropriada a elas, as plantas têm. Por exemplo, quando detectam hormônios no ar que vêm de outras plantas em maturação e assim iniciam a própria (veja o capítulo sobre se uma maçã podre faz com que as outras apodreçam). Algo semelhante ocorre com o ouvido, mas algumas plantas têm mostrado uma resposta a certas vibrações sem a necessidade de estruturas dos ouvidos: elas se estendem até onde há frequências acústicas que as informem que há água por perto.

Apesar das evidências, vários humanos com os egos feridos argumentarão que tais respostas das plantas são meramente reações mecânicas. Diante de tal fato, foram realizados experimentos "ociosos" que mostram que as plantas são, mais ou menos, como um cachorro preso ao chão que aprende e pode ser treinado.

Um desses experimentos envolveu jogar no chão plantas que naturalmente "fecham" suas folhas quando são tocadas, tomando cuidado, é claro, para não as machucar (as pessoas encarregadas do experimento são aqueles humanos convencidos de que as plantas são seres sencientes). A resposta das plantas ao estímulo mecânico da colisão foi fechar as folhas, até que, depois de mais de cinquenta vezes jogadas ao chão, pararam. Desistiram de apresentar a reação natural ao perigo, como se de algum modo entendessem que, por mais que pessoas de jaleco as jogassem no chão, nada lhes aconteceria. Após um mês, voltou-se às mesmas plantas, e elas continuavam se recordando de seu aprendizado sobre a inocuidade de serem jogadas no chão.

Diante de tal resultado, os humanos, convencidos de que as plantas não só podiam sentir, como também aprender, decidiram testar se poderiam ser treinadas, ou seja, capazes de associar a ocorrência de um evento à antecipação de outro. Se estivéssemos falando de cães, seria algo como quando eles são ensinados que um certo apito significa que é hora de comer, e, quando ouvem isso, começam a salivar em antecipação. Só que, para as plantas, comer significa luz.

As mudas de ervilha foram apresentadas com um dilema: um tubo em formato de Y em que, de um lado, recebiam luz às vezes acompanhada de uma leve brisa, fornecida por um pequeno ventilador, e, de outro, nada. Após três dias de treinamento, começaram a receber luz de um lado e brisa do outro, dando-lhes a opção de crescer para qualquer um dos dois. Se fossem animais, chamaríamos a resposta das plantas de condicionamento, pois elas optaram por ir em direção à brisa, e não à luz. O "normal" seria que as plantas se estendessem em direção à sua fonte de alimento, mas, ao tentarem alcançar o lado do vento, elas podem modificar seu comportamento com base no aprendizado passado, no qual a brisa age como uma pista para a recompensa que receberiam.

Permitimo-nos, portanto, concluir que não é apenas pela falta de definição de "consciência" que não podemos responder à questão de se as plantas a têm ou não, mas porque, diante das capacidades extraordinárias de percepção e resposta recentemente reveladas, não nos importamos muito como isso deve ser chamado.

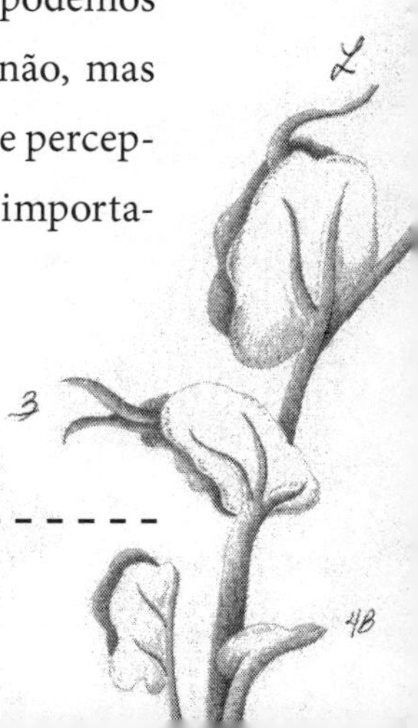

POR QUE A CHUVA TEM CHEIRO TÃO BOM?

Era uma vez uma dupla de pesquisadores que, por alguma razão desconhecida, achou que o sangue dos deuses gregos cheirava bem. Pelo menos no LIMMS supomos que isso aconteceu, já que esses mesmos pesquisadores começaram a averiguar o cheiro da chuva, que o chamaram de *petricor*, unindo as raízes gregas *petra* (pedra) e *ichor* (o fluido que serve de sangue para os deuses mitológicos). Também achamos que eles presumiram que o *ichor* tinha um cheiro agradável, pois quase todo mundo gosta do cheiro da chuva.

As causas desse aroma são várias. Uma delas são certos óleos que as plantas secretam durante períodos de seca que impedem novas gerações de competir com elas, já que esses óleos inibem a germinação das sementes. Outra causa é a geosmina, uma substância que as bactérias produzem ao formar esporos. Tanto os óleos vegetais quanto a geosmina são produzidos, sobretudo, em épocas de baixa umidade, acumulando-se no solo e nas rochas.

Quando algumas gotas enfim caem do céu, ricocheteiam nas superfícies e formam pequenas bolhas que detêm ar e partículas que estão ao redor (entre elas, os óleos vegetais e a geosmina acumulados). Tais bolhas flutuam até chegar ao nosso nariz e, quando estouram, liberam as partículas que carregam os aromas.

O número de bolhas produzidas determinará o cheiro da chuva. Por exemplo, as primeiras chuvas costumam ter um cheiro mais forte, pois são encontrados compostos mais aromáticos acumulados no solo. Uma chuva com gotas muito rápidas não produz tantas bolhas. Então, o cheiro de chuva é mais comum quando essas gotas são leves ou moderadas.

Se a chuva for acompanhada de relâmpagos, o cheiro se intensifica. A carga elétrica pode separar as moléculas de oxigênio e nitrogênio que compõem a atmosfera, fazendo com que elas se combinem entre si e formem óxido nítrico e, depois, com mais combinações, o ozônio. Este último tem um cheiro particular: é o que nos leva a reconhecer, às vezes, que a chuva está a caminho.

Tudo isso explica por que a chuva cheira a algo — não necessariamente bom. No entanto, a maioria das pessoas acha o cheiro de chuva agradável. O olfato humano tem uma extraordinária capacidade de perceber a geosmina: uma partícula em um bilhão (1/1.000.000.000.000), ou seja, uma partícula de geosmina pode estar misturada entre um bilhão de outras coisas e ainda seríamos capazes de percebê-la. O fato de gostarmos se deve, provavelmente, ao fato de várias culturas ao redor do mundo terem associado a chuva a tempos de fertilidade, ao crescimento das culturas e dos animais e à abundância de alimentos. E todos gostamos de comer.

Assim, o petricor, mais do que cheirar a fluidos mitológicos, nos lembra que a chuva é um aviso de que os tempos de comilança estão por vir. Ou, talvez, que o sangue dos deuses não é algo de outro mundo, e sim a abundância que a natureza nos dá sob a forma de chuva.

AS ABELHAS TÊM UMA LINGUAGEM PRÓPRIA?

Resposta simples: sim. Resposta completa: sim, com certeza.

Como ocorre com muitas respostas simples, o processo de chegar lá não foi tanto assim. E, como também acontece com muitas extraordinárias descobertas, veio de uma casualidade. Nesse caso, um pesquisador de abelhas ficou sentado vários dias observando favos de mel para aprender mais sobre a percepção de cores em tais himenópteros. Após muitas horas, a observação mais importante não estava relacionada à cor, mas ao movimento e à comunicação entre as abelhas. Quase cem anos após essas primeiras observações, hoje já se acumulam evidências suficientes para garantir que as abelhas vivem numa espécie de jogo chamado "dança do requebrado".

Uma tarde típica de uma abelha é assim: após ter encontrado um lugar cheio de flores, ela retorna a seu favo e inicia uma série de movimentos muito particulares: sacode vigorosamente seu traseiro enquanto se movimenta para a frente e para trás, repetindo um padrão em formato de oito. Outras abelhas a observam atentamente e depois saem numa direção específica que coincide com o local de abundância em alimento.

A mensagem que comunicam com essa agitação informa com precisão a direção e a distância até a fonte do alimento, que elas acabam localizando por pistas olfativas e visuais. Esse é o mais sofisticado tipo de comunicação que nós, humanos, conhecemos num animal, exceto de alguns primatas, mas ainda não conseguimos decifrá-lo por completo.

Sabe-se que a duração da dança, o comprimento e o ângulo que utilizam no padrão se correlacionam com a distância, a direção e a qualidade do local. Com essa informação e cheios de imensa pretensão de que, por sermos humanos podemos decodificar tudo, fabricaram-se pequenos robôs que imitavam a dança das abelhas, a fim de indicar a localização de determinado lugar.

As abelhas observaram atentamente a dança das máquinas e saíram da colmeia. Os humanos em questão, entusiasmados, as seguiram, e elas foram diretamente para os lugares onde costumavam se alimentar. Ou seja, ignoraram o que os robôs lhes disseram ou, mais provavelmente, não os entenderam. No entanto, ainda temos que ajustar um ou dois passos de dança para nos comunicar com esses insetos sábios e dançantes.

POR QUE NÃO SE PODEM PREVER TERREMOTOS?

Desde o momento em que os humanos passaram a sofrer com os abalos, prever terremotos tem sido um anseio. Na verdade, determinadas coisas sobre terremotos podem ser calculadas até certo ponto, como onde é mais provável de eles ocorrerem dentro de algumas décadas. Mas essa informação só é útil para o planejamento de assentamentos humanos, e parece que não nos preocupamos muito com isso, pois grandes cidades, como a Cidade do México ou Manila (nas Filipinas), continuam a crescer, apesar de saberem que estão sobre uma bomba-relógio.

O que seria mais útil, dada a nossa loucura em viver em qualquer lugar, seria prever quando e onde ocorrerão grandes terremotos (por isso, também estamos interessados em prever essa magnitude). Porém, até agora, é impossível. Embora de tremor em tremor tenhamos feito alguns progressos em nosso entendimento sobre eles.

Até os anos 1960, a causa dos terremotos era um mistério. Foi então que se descobriu que a crosta terrestre é formada por várias placas tectônicas de 150 km de espessura em constante movimento. Como são várias e não se movem de forma coordenada, e sim cada uma a seu ritmo e em sua própria direção, colidem, ficam debaixo uma da outra, afundam e se erguem. Isso não é um desastre porque o fazem de maneira lenta e suave — menos quando não acontece desse jeito, e então temos os desastres.

Os terremotos são o resultado do acúmulo de tensão entre duas placas, as quais de repente se movem abruptamente, e com elas tudo o que está em cima (inclusive nossa calma).

Os sistemas de alarme atuais detectam o momento em que as placas se movem violentamente; assim, não preveem nada, mas avisam que começou o terremoto. Se ocorrer a vários quilômetros de distância (tanto para os lados quanto para baixo da superfície), temos, se tudo correr bem, alguns minutos para a evacuação.

Saber a causa dos tremores trouxe alguma esperança quanto à sua previsão, pois, se eles são o produto da acumulação e da liberação de forças, provavelmente há um ritmo que poderíamos entender. Mas não. Até onde compreendemos, os tremores não têm ciclos constantes o suficiente e precisos para que as informações possam nos ajudar a organizar as evacuações a tempo, o que, em última análise, evitaria que as coisas caíssem sobre nós, nossa principal preocupação.

Mesmo que nunca conseguíssemos decifrar o ritmo dos tremores, ou ainda que não existissem, poderíamos prevê-los se tivéssemos sinais que os precedessem. Para prever algo, precisamos de pistas, coisas que nos informem que algo está por vir. Até agora, não encontramos nenhum sinal que nos avise que um terremoto está vindo, ou pelo menos algum que possa ser realmente útil para nós. Os sinais de que necessitamos devem ser certeiros e precisos, ou seja, atender a dois requisitos:

1. **Ocorrer antes dos grandes terremotos**, e apenas grandes terremotos. Do contrário, teríamos avisos de centenas de terremotos todos os dias (o que talvez reduzisse o risco de acidentes em virtude de tremores, mas a vida se tornaria uma constante peregrinação de um espaço a outro).

2. Ocorrer *sempre* antes de um grande terremoto (senão, para que iríamos desejá-los?).

Com a compreensão de hoje sobre os terremotos, não se pode sequer garantir que tal sinal exista. Há quem pense que não será possível encontrá-lo, mas há outros sonhadores que continuam a busca, e com bastante criatividade.

Por exemplo, a crença popular de que os animais podem perceber quando um tremor está vindo foi levada mais ou menos a sério em algumas pesquisas. Como a que analisou a relação entre avisos de animais de estimação perdidos nos Estados Unidos e tremores significativos na região. A hipótese era que cães e gatos sentem os tremores, entram em pânico e fogem com mais frequência do que quando não há tremores. Descobriu-se que eles não se importam com terremotos, mas que a frequência das fugas aumenta com os temporais, não porque podem prevê-los, e sim porque passam por momentos difíceis durante eles.

Outras pesquisas têm estudado o comportamento de baratas, vacas e roedores durante terremotos. Nenhum deles mostrou sinais de ser capaz de prevê-los (alguns, como as vacas, pareciam nem notar quando um estava acontecendo).

Mesmo que os animais não sejam considerados uma ferramenta séria para prever terremotos, existem outros sinais que podem ser usados para a previsão, em especial sinais eletromagnéticos, como cargas elétricas que se formam nas rochas quando a tensão entre as placas aumenta ou as chamadas "luzes de terremoto", gases ou calor que, de repente, emanam de falhas geológicas, bem como o padrão de atividade sísmica anterior a um grande tremor.

A má notícia é uma que já conhecemos: até agora, nenhum desses sinais nos possibilitou prever os terremotos de maneira certeira e precisa. A resposta simples sobre por que não são somos capazes de fazer isso não é tão simples assim, pois existem duas opções: a primeira é que não conseguimos encontrar a variável ou a combinação de variáveis que nos informaria sobre o momento exato e a magnitude de um terremoto. A segunda é que, talvez, os terremotos sejam fenômenos que nem sempre ocorrem pelo mesmo motivo, o que torna a previsão impossível.

Enquanto isso, continuamos tremendo.

COMO AS PLANTAS SEGUEM O SOL?

Várias casualidades não são casualidades, pensou Lilia ao olhar desconfiadamente para sua nova planta, já inclinada como todas as outras, virando-se para a janela. Lilia estava certa sobre isso, pois o que poderia ser considerado "várias causalidades", ou seja, vários fatos coincidentes, em geral são padrões, regularidades no mundo, por isso têm uma explicação comum.

Lilia, porém, não conseguiu localizar o padrão, pois achava que as plantas, *em geral*, não se curvavam em direção a fontes de luz — não apenas *suas* plantas em direção à *sua* janela. Mesmo assim, elaborou um raciocínio próprio sobre o fenômeno: suas plantas sentem o desejo irreprimível de retornar às origens, ou seja, o mercadinho da esquina. Então, com grande desgosto, devolveu as plantas à loja na qual as havia comprado, onde a vendedora a achou um pouco doida, mas ficou se perguntando como seguem o Sol. E, então, recorreu ao LIMMS (se a mulher da janela tivesse feito isso, a história não teria sido triste e sua casa ainda estaria verde).

Provavelmente todas as pessoas que tiveram uma planta perto de uma janela foram capazes de observar como ela parece ir em direção à luz. Como a planta em questão (ou qualquer uma) não pode se movimentar, suas tentativas são resolvidas estendendo-se até a fonte de iluminação. A razão desse fenômeno é a mesma de quase todos os movimentos dos seres vivos: a fome.

As plantas produzem os próprios alimentos usando a luz como insumo. O fototropismo, uma palavra elegante para o processo de "ir para a luz", lhes dá a vantagem de maximizar a quantidade de alimentos que podem produzir por estarem mais expostas à iluminação.

Para isso, as plantas têm moléculas especiais chamadas fotorreceptoras, formadas por uma proteína e um pigmento. Quando o pigmento faz a única coisa que pode fazer, absorver a luz, muda a forma da proteína, o que resulta em muitos movimentos, alguns literais (como virar pela janela em busca de mais luz).

Dentro da planta, são ativados vários mecanismos — um deles envia um hormônio de crescimento para a parte da planta que não recebe luz direta. Ao promover o crescimento das células que permanecem na sombra, elas aumentam seu desenvolvimento e são direcionadas para a fonte de luz (ou seja, a parte da planta à sombra começa a se orientar para a luz por causa do hormônio que recebe;

nesse caso, ela se lança para a janela). Como a parte da planta exposta à luz não precisa crescer com ela, tais células não produzem hormônio de crescimento. Em outras palavras, a planta não se inclina; ao contrário, as folhas que não recebem luz aceleram seu crescimento, e as que estão iluminadas não fazem isso.

A luminosidade é uma grande fonte de informação para as plantas. Quando recebem muita sombra em seu ambiente natural é provável que tal penumbra seja causada por outras plantas. Por isso, quando carecem de luz, crescem alongadas, já que assim ficariam mais altas em seu *habitat* natural e alcançariam mais o Sol, ganhando vantagem sobre as outras plantas contra as quais competem.

Além de querer ficar rica vendendo plantas, a comerciante deseja que as pessoas na cidade se sintam bem rodeadas desses seres, então agora oferece essa explicação a título de conselho para que as plantas não se inclinem, mas também como uma forma de apaziguamento — não há nada de errado com uma planta torta que só quer um pouco mais de Sol.

DICA:

Se você tem mania de simetria e quer que as plantas cresçam direitinhas, o melhor é que a fonte de luz incida de maneira uniforme. Por exemplo, colocando-as num lugar onde o Sol bata nelas em vários lados ao longo do dia.

ALGUNS ANIMAIS PODEM DETECTAR DOENÇAS NAS PESSOAS?

Antes de entrarmos no assunto, a questão mais importante a ser definida é se estamos interessados em *qualquer* animal detectando doenças em humanos. Imagine os seguintes cenários: um mundo em que cobra venenosas têm a capacidade de prever o diabetes, mas para isso devem cheirar nosso hálito com suas línguas bifurcadas. Ou, para ajudar a detectar o câncer, as tarântulas vão auscultar cada centímetro quadrado de nossa pele.

Provavelmente, como a resposta da maioria da população deve ser "não, eu não quero cobras ou tarântulas em cima de mim", é que estudos sobre a detecção de doenças por animais têm sido limitados a cães, os quais permitimos estar tanto perto de nós quanto farejar obsessivamente.

Há muitos casos pitorescos sobre cães que farejam certas partes do corpo com especial interesse, onde, posteriormente, se descobre um tumor cancerígeno alojado no mesmo local onde estavam seus focinhos. Alguns tumores produzem compostos voláteis que podem entrar no ar ou ser expelidos do corpo pelo suor, pela urina ou pelo hálito. Se tais compostos têm odores particulares, parece razoável que os cães, com seu extraordinário olfato, pudessem detectá-los.

O problema é que os cães, ainda que possam aprender a reconhecer amostras de pacientes com câncer, parecem memorizar o cheiro de cada amostra em particular e não generalizam algo que ajude na detecção de novas amostras. É como se, para detectar bombas, pudessem detectar apenas aquelas que já conhecem, sem identificar os elementos comuns em bombas desconhecidas (o que seria útil). Até agora, não há qualquer estudo demostrando que os cães detectam qualquer tipo de câncer de forma tão confiável de modo a substituir uma visita ao médico e seus exames.

Embora atualmente não seja possível os cães ajudarem na detecção do câncer, isso não significa que nunca serão úteis para outras doenças. Cerca de um terço das pessoas com diabetes relata que seus cães têm alguma mudança de comportamento antes de ocorrer um episódio de hipoglicemia. Tal fato indica que existe algo, provavelmente odorífero, que possa ser usado no futuro como base para o treinamento preditivo, algo que já ocorre com outras condições.

No caso da epilepsia, alguns cães podem ser treinados para ser obsessivos em relação aos humanos com quem vivem. Estudos mostram que algumas pistas visuais muito sutis, como mudanças na expressão facial, na postura e na tensão muscular, podem ser lidas por cães como indicadores de uma crise epilética prestes a ocorrer. Assim, eles podem ser treinados para alertar as pessoas a chegar a um local seguro. Algo que, provavelmente, nem aranhas nem cobras poderiam fazer, por melhores que fossem em detectar alterações.

Com essa evidência, podemos, por enquanto, esquecer a ajuda de qualquer animal rastejante ou pegajoso. Com os cães e seu incrível olfato, assim como sua loucura por nós, o cenário para prever certas doenças parece promissor.

A CHUVA REMOVE A POLUIÇÃO?

É raro encontrar casos em que um fenômeno climático simule hábitos humanos, como atirar água no chão para limpar melhor. Na verdade, não só é raro, como até impossível, pois os fenômenos meteorológicos não são entidades, muito menos entidades que podem observar, raciocinar e simular.

Para fins de explicação, porém, imaginemos que a chuva faça uso dos resultados obtidos por tantas gerações de humanos que molharam as superfícies para limpá-las. Só que a chuva não funciona muito bem.

Gotas de chuva, neve, neblina ou qualquer forma de água caindo de uma nuvem funcionam como pequenos coletores de partículas flutuantes. À medida que a água cai das nuvens ao solo, interage com as partículas em suspensão, pegando-as e aumentando seu tamanho, tornando-as pesadas e fazendo com que cheguem à superfície. Às vezes nem precisa captar as partículas ao cair, mas, ao molhar prédios, árvores ou outras superfícies, pega as partículas que flutuam, facilitando seu posterior escoamento para o solo. É o equivalente planetário de borrifar um pouco de água antes de limpar.

Quão bem essa varredura de poluentes do ar é feita depende de vários fatores: a altura da nuvem da qual a água

cai, o volume das gotículas e a concentração e o tamanho das partículas poluentes, onde reside o problema.

Quanto maiores as partículas contaminantes, mais facilmente a chuva pode removê-las do ar. Isso é uma boa coisa, mas não tão boa, pois as pequenas partículas são as mais prejudiciais à saúde, e a chuva não faz quase nada com elas.

Por serem muito pequenas, as partículas menores que 0,0025 mm, chamadas de materiais particulados $PM_{2,5}$, aderem-se melhor ao interior dos pulmões e ao sistema respiratório. Além disso, contêm mais componentes tóxicos do que as grandes, denominadas PM_{10}.

Quando chove moderadamente, apenas 1,45% das $PM_{2,5}$ é removida do ar; quando há um temporal, apenas 8,7%. Mas, com relação às PM_{10}, a história é muito diferente, pois uma chuva suave tira 10% desses poluentes; se cai um aguaceiro, 30%.

Assim como quando varremos as ruas e achamos que já estão superlimpas, depois das chuvas é comum perceber que o ambiente urbano está mais claro, mesmo que nunca tenha sido feito qualquer pesquisa para confirmar isso. Tal fato pode acontecer por três razões:

1. Choveu muito e por muito tempo. Se a chuva durar várias horas, acumula-se o efeito de limpeza. Após cinco horas de precipitação contínua, a taxa de varredura aumenta para mais de 60% para partículas grandes, embora para as pequenas não ultrapasse 40% mesmo após dez horas de chuva.

2. A chuva tem a ajuda do ar. É comum que as chuvas sejam acompanhadas de rajadas de vento, uma força da natureza que consegue remover a poluição das duas partículas.

3. Nosso tremendo poder de autoengano. É muito provável que tenhamos uma tendência a nos lembrar dos dias em que após uma chuva a atmosfera parecia fresca e limpa, em vez daqueles em que isso não acontecia, e que baseamos nossas conclusões nessa falácia.

O último ponto é de especial importância, pois nos faz crer que a poluição pode sumir feito fumaça. Ainda que o vento, a chuva ou uma vassoura varram a sujeira, ela não desaparece; somente vai para o outro lado.

CAFÉ É BOM PARA AS PLANTAS?

Não há uma pergunta mais frequente para os biólogos do LIMMS do que: "O que posso fazer com minha planta que está ficando amarelada?". E não há resposta mais frequente a essa pergunta do que "não sei". Nos cursos de Biologia, você não se depara com questões específicas que tenham a ver com a saúde das plantas de casa.

Felizmente, muitas outras pessoas se consideram especialistas no assunto. Para quase todo problema com as plantas, a recomendação é jogar café sobre elas. Lesmas ou caracóis? Café nelas! Gatos estúpidos que fazem xixi? Café. Ervas daninhas? Café. Folhas amareladas? Café.

Por café se entendem os grãos moídos após serem utilizados para preparar a bebida com o mesmo nome. Os grãos de café são as sementes dessa planta. Portanto, sua missão na vida não é acordar as pessoas, e sim carregar um embrião e o necessário para que germine. Entre outras coisas, contêm proteínas ricas em nitrogênio numa porcentagem ideal para a nutrição do solo.

Ao passar pela água quente, muitos dos compostos dos grãos de café se dissolvem, ao passo que outros, os mais oleosos, permaneçam no café moído. Esses últimos parecem ser muito importantes nas propriedades benéficas que são atribuídas às plantas. Por exemplo, os grãos usados são repletos de óleos que lhes dão o aroma característico, os quais proporcionam algumas propriedades antioxidantes e antimicrobianas.

Durante a decomposição dos grãos, surgem algumas outras características que podem ajudar os planos. Eles impedem o crescimento de fungos e bactérias nas raízes de certas culturas, mas, na verdade, essas culturas são poucas: feijão, pepino, tomate e espinafre. A menos que uma dessas quatro plantas seja aquela que queremos tratar com café, os esforços provavelmente se mostrarão inúteis.

Se as plantas forem abóbora ou soja, o café pode ajudar na germinação das sementes. Mas, se forem alfafa, trevo, gerânio, samambaia ou a ornamental e bela zebrina, é o oposto: inibe seu crescimento. Talvez desse efeito inibidor advenha o conselho que serve para controlar as ervas daninhas, que, apesar de tudo, ainda são plantas.

Parece que a maioria dos conselhos sobre plantas e café deriva de pouca ou nenhuma evidência científica. Isso não é raro, haja vista que os humanos tendem a dar conselhos sobre qualquer coisa com pouca ou nenhuma evidência científica. Com isso em mente, o conselho do LIMMS para o uso de café nas plantas é o seguinte:

- **Entre 10% e 20% do café podem ser adicionados como substrato nutricional para aumentar sua qualidade. Mais do que isso, pode ter efeitos adversos, como a morte de outros microrganismos benéficos às plantas.**
- **Tenha em mente que o café moído e molhado, ou seja, aquele já utilizado, tem uma textura muito compacta. Se for colocado na terra de uma planta, é uma barreira à umidade e ao ar, o que não trará boas consequências.**

Talvez o conselho mais importante seja que, se uma planta estiver amarelando, murchando, entristecendo ou qualquer outra coisa, nenhum biólogo deve ser chamado para resolvê-lo.

POR QUE ALGUMAS PESSOAS SE PARECEM COM SEUS CACHORROS?

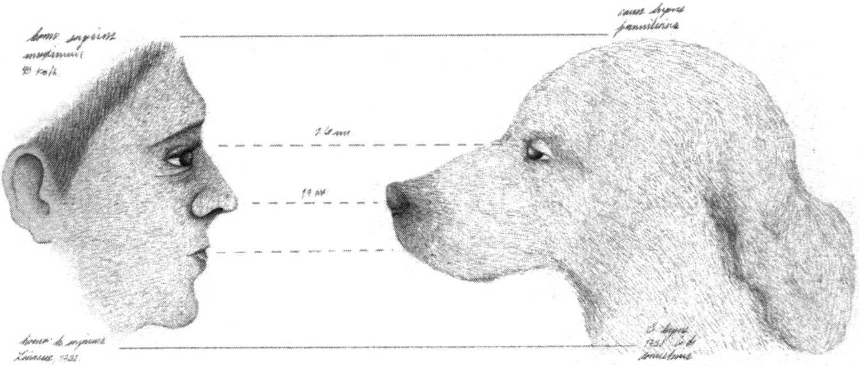

Nosso detetive de animais de estimação tem sido ridicularizado entre os ativistas por propor, como maneira de os donos reaverem seus cães perdidos, um reconhecimento facial que encontre semelhanças entre a cara do bicho e a de seu humano. As piadas que sofreu seguem um padrão muito parecido com as de outras zombarias: não têm base em investigações sérias, mais ou menos sérias ou de qualquer outro tipo.

O que tem fundamento é que os cães se parecem com seus humanos — de fato, é algo comprovado. Ou melhor, comprovou-se que muitas pessoas se parecem com seu cão. A confirmação foi simples e repetida em várias ocasiões: mostram-se fotografias de pessoas e de cães separadamente, e pede-se que formem pares que, segundo elas, sem pistas, sejam cachorros e humanos que morem juntos. Com bastante precisão, as pessoas formam pares corretamente de humanos e cães que convivam no mesmo local.

Embora seja fácil acreditar que a semelhança se encontre no comprimento do cabelo, no formato do rosto ou em outras características superficiais, parece que a similaridade é muito mais profunda, tanto quanto um olhar. A característica que define tal reconhecimento são os olhos, pois, quando se tapam os olhos dos cães e das pessoas nas fotos, fazer os pares se mostra mais difícil.

Outro fato comprovado é que as pessoas se parecem com seus carros (mas apenas de frente, não de lado; por exemplo, uma pessoa de maxilar quadrado e um automóvel de para-choque reto), o que leva os cães das pessoas a se parecer com os carros das pessoas. A explicação para todas essas semelhanças não é clara, mas acredita-se que esteja associada ao nosso gosto pelo familiar.

Por que os *remakes* de filmes fazem tanto sucesso? Por que o conceito de *flashback* atrai pessoas para festas e programas de rádio? Não é tanto por serem bons, e sim porque são velhos conhecidos. Tendemos a ser atraídos para o familiar. E o que é mais familiar do que nossos próprios rostos?

Essa tendência, conhecida como "efeito de mera exposição", é provavelmente o que está por trás de as pessoas escolherem cães e carros que se parecem uns com os outros. E que prefiram os filhos que se pareçam mais com elas. E que os videogames baseados em filmes sejam mais populares. E uma série de outras coisas que explicam nossos gostos. Parece que tal efeito ocorre porque nos acostuma-

mos com as coisas a que estamos mais expostos, portanto, elas nos dão confiança e são mais atraentes que as novas, o que pode causar um pouco de medo.

Talvez tenha sido medo o que os ativistas de animais sentiram quando ouviram a proposta do nosso detetive de estimação. Não só porque é uma proposta nova a que eles não estavam acostumados, mas porque muitos desses ativistas compartilham suas vidas com pugs, chihuahuas e pelados-mexicanos, raças com as quais certamente não querem se parecer.

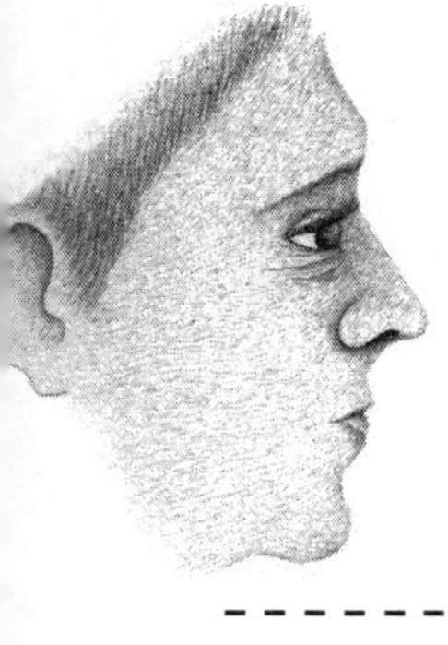

O CALOR TEM RELAÇÃO COM O MAU DESEMPENHO NO TRABALHO?

A sugestão vai para quem tem a possibilidade de labutar menos horas: é melhor trabalhar menos, principalmente em dias quentes. Trata-se de uma prática comum exercida pelo LIMMS que, embora não nos tenha dado mais produtividade, não reduziu a que temos. Esse último ponto é o mais importante.

Entre 21° e 25 °C, todos se sentem confortáveis (com suas pequenas variações e preferências pessoais), e nesse conforto todos trabalham mais ou menos bem (também com suas pequenas variações pessoais). Mas se os números no termômetro começam a subir, em especial acima de 27 °C, a produtividade diminui em 3% para cada grau de aumento na temperatura. Pode parecer uma quantidade pequena, mas se pensarmos em todas aquelas fábricas na Índia, por exemplo, onde as temperaturas chegam a mais de 35 °C e onde a economia depende muito da produção da população, os problemas de calor podem ter consequências significativas na economia.

A falta de produtividade se deve ao estresse térmico, o que acontece quando o corpo fica fora de uma faixa de temperatura saudável porque não consegue se resfriar. Isso acontece quando está muito calor. O estresse térmico pode causar cansaço extremo, letargia e sonolência, já que o corpo está investindo muita energia no resfriamento. Como ele faz isso? Produzindo mais suor, que, ao evaporar, retira parte do calor, e também dilatando os vasos sanguíneos, o que faz com que mais sangue fique perto da superfície da pele e assim esfrie. No entanto, tudo isso requer trabalho, sobretudo dos ritmos cardíacos e metabólicos. Assim, o trabalho que o corpo investe para não se superaquecer é subtraído de outras coisas (o que chamaríamos de "trampo" ou "batente").

Se adicionarmos a isso a desidratação por aumento da sudorese, o estresse térmico pode causar dores de cabeça, tonturas e desmaios. Nada disso é recomendável em qualquer tipo de trabalho.

Como resultado, as evidências mencionadas aqui levaram a uma política rigorosa do LIMMS em dias quentes. O objetivo é reduzir a baixa produtividade. Para isso, não trabalhamos, o que não conta como produtividade. Porque, se não trabalhamos, não podemos ser mais ou menos produtivos. Trata-se de uma coisa diferente.

PARTE 4

EVOLUÇÃO

POR QUE OS DINOSSAUROS FORAM EXTINTOS?

A verdade é que os dinossauros não estão extintos. Ou, pelo menos, não todos eles. É muito provável que qualquer pessoa que esteja lendo isto tenha tido pelo menos uma interação com dinossauro. Ou com parte de um.

Vários dinossauros pertencentes a determinado grupo (o mesmo grupo que inclui o tiranossauro e o velociraptor) sobreviveram à extinção em massa que ocorreu há 66 milhões de anos. Os sobreviventes de hoje nos fornecem ovos para o café da manhã e penas para rechear os travesseiros. As aves são dinossauros; portanto, eles não foram totalmente extintos. Os que se extinguiram são conhecidos pelo nome de dinossauros não aviários (ainda que muitos aviários também tenham perecido naquela época). A causa de sua extinção é um mistério, e provavelmente será para sempre. No entanto, temos algumas pistas.

Além de muitos dinossauros, durante o período Cretáceo um grande número de espécies desapareceu: 75% da biodiversidade existente acabou para sempre do planeta, desde diversos tipos de plâncton até répteis marinhos de várias toneladas. É provável que um objeto extraterrestre tenha provocado o desastre?

Em todo o planeta, tanto na terra quanto no mar, existe uma camada de rocha rica em irídio metálico. Isso seria normal se a Terra fosse um asteroide, mas não é. Meteoros ou asteroides são ricos em irídio, tão ricos quanto a camada rochosa deste planeta. A data de formação dessa camada de irídio coincide com a extinção em massa da qual estamos falando. Com base nessa evidência, em 1980 foi proposta a hipótese de que o impacto de objetos do espaço sideral havia causado o desastre.

Onze anos após a hipótese proposta, foi encontrada uma cratera de 180 quilômetros de largura em Chicxulub, na Península de Yucatán, cuja origem também data de 66 milhões de anos. Essas coincidências nos levaram a acreditar que a extinção em massa desse período foi causada pelo impacto de um grande meteorito que, ao se desintegrar e levantar uma enorme quantidade de poeira, turvou o Sol, o que desencadeou um inverno repentino, trazendo o desastre ecológico e, com ele, a extinção da maioria das espécies.

Como a ciência, todavia, não busca encontrar verdades incontestes, mas ajustar as ideias ao que pode ser razoavelmente interpretado com base em evidências disponíveis, a hipótese de que aquele meteorito tenha causado a extinção levanta dúvidas, pois, de certo modo, a Terra é um asteroide, e o irídio não teve necessariamente de vir do espaço.

A composição do núcleo do nosso planeta é muito semelhante à de um meteorito rico em irídio. Não temos muito desse metal na crosta terrestre, mas às vezes ele irrompe explosivamente por erupções vulcânicas. Há 66 milhões de anos, um monte de vulcões começou a entrar em erupção de forma colossal durante 30 mil anos, tanto que conseguiram cobrir 2,6 milhões de quilômetros quadrados do que é hoje a Índia, com uma camada de 2,4 quilômetros de espessura.

Um fenômeno semelhante poderia ser responsável pela camada de irídio e pela extinção em massa, haja vista que teria liberado uma grande quantidade de gases vulcânicos, como o dióxido de enxofre, alterando o clima. As consequências são parecidas com as da hipótese do meteorito: um inverno prolongado e inesperado seguido de um desastre ecológico.

Uma das principais diferenças entre as duas hipóteses é que a dos vulcões postula um longo processo de centenas de milhares de anos em que as espécies se extinguem gradativamente. A do meteorito, embora não entenda que todas as espécies caíram mortas no mesmo dia, presume que elas chegaram ao fim mais ou menos de repente (em milhares e milhares de anos, um piscar de olhos geológico). Há evidências sustentando as duas ideias.

Outro fato problemático é que, nas quatro extinções em massa anteriores (ou seja, a vida quase chegou ao fim pelo menos cinco vezes), as causas foram erupções vulcânicas maciças. Além disso, vários meteoritos de grandes proporções impactaram a Terra, e nenhum causou extinções tão grandes. Aqueles a favor da súbita catástrofe extraterrestre argumentam que o meteorito Chicxulub foi muito especial, pois, além de gigantesco, pousou em águas rasas, onde levantou muita rocha e vapor. Se tivesse caído alguns minutos depois, em águas mais profundas, os dinossauros não voadores ainda poderiam estar por perto.

Acredita-se que os dinossauros aviários que sobreviveram à extinção em massa, ou seja, os pássaros, tenham resistido graças a seus complexos cérebros e a seu tamanho corporal de menos de um quilo. Ambas as características lhes permitiram se adaptar melhor às mudanças.

Como não temos uma máquina do tempo, e provavelmente nunca tenhamos uma, o motivo da extinção dos dinossauros é uma das perguntas mais difíceis de responder para a paleontologia. Podemos encontrar muitas evidências quanto ao efeito dos meteoritos e dos vulcões na biodiversidade, mas estar 100% certos com relação à causa é quase impossível. Aliás, se servir de consolo, é difícil estar 100% certo de qualquer coisa na ciência. Com frequência, a evidência e as hipóteses nos trazem mais perguntas do que certezas.

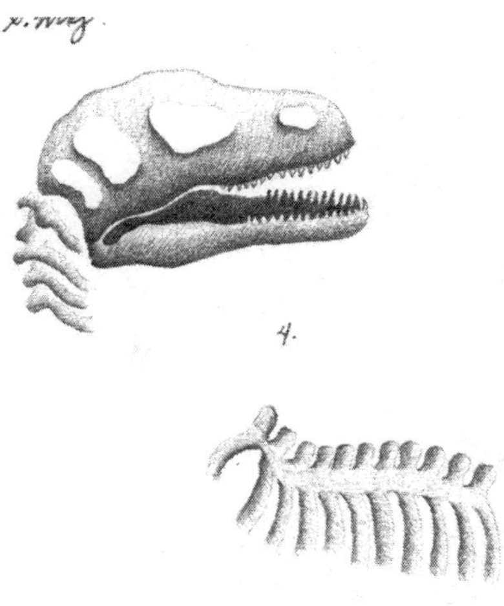

POR QUE SÓ TEMOS PELOS EM DETERMINADAS PARTES DO CORPO?

Sabemos que *Calor, suor e sexo* seria um excelente título para um filme pornográfico. Aprendemos isso porque, quando pedimos apoio financeiro para um documentário mais ou menos sério sobre a evolução humana, cujo título era justamente esse, havia apenas uma produtora disposta a nos dar o orçamento, com a condição de mudarmos o roteiro para algo mais picante. No entanto, não temos interesse em entrar no setor, por isso não pudemos fazer o documentário. Mas, com as informações que coletamos, podemos responder à questão de por que os humanos só têm pelos em certas partes do corpo.

A realidade é que temos tantos pelos quanto um chimpanzé. As palmas das mãos, as plantas dos pés e os lábios são as únicas partes da pele que não têm pelos, como nos nossos parentes símios que consideramos mais peludos. Ambas as espécies têm 5 milhões de pequeníssimos orifícios na pele dos quais sai um fio. Mas a pilosidade talvez não possa ser percebida pelo número, mas por sua espessura e seu comprimento, que é onde está a diferença. Portanto, a pergunta certa não é por que só temos pelos em certas partes do corpo, e sim por que eles crescem mais grossos e mais longos em determinados lugares.

Há vários milhões de anos, nossos antepassados viviam numa espécie de paraíso. Sua vida consistia numa espécie de piquenique constante, sob a sombra de frondosas árvores. O piquenique era composto sobretudo, por frutas, raízes e sementes, numa dieta estritamente vegetariana. E, então, por alguma razão que atribuíram a forças sobrenaturais, mas que tem uma explicação na mudança das condições climáticas, suas florestas foram transformadas em pradarias, o que arruinou o piquenique deles.

Nesses grandes prados, o Sol batia forte e a comida se tornou menos acessível. Os ancestrais se tornaram carnívoros, e o alimento literalmente não crescia mais nas árvores, de modo que tinha de ser perseguido. A combinação dessas mudanças tornou suas vidas muito mais acaloradas, tanto pela atividade física quanto pelo clima.

Ter muitos cabelos com tanto calor é inútil, desconfortável e indesejável. Mas nenhuma dessas qualificações é importante para a evolução, por isso também não importa para a explicação do porquê de nos tornarmos "despelados". A única qualificação que importa, evolutivamente falando, é se uma característica é adaptativa ou, em outras palavras, se nos faz ter mais filhos. Ter pelos corporais cada vez mais finos era vantajoso, já que fazia com que o calor se dissipasse rapidamente (ao contrário de ser superpeludo), o que, somado à capacidade de suar e assim perder mais calor, resultava em poder correr mais rápido e, consequentemente, alcançar mais alimento durante a caçada.

Assim como ficamos carecas, também nos tornamos as máquinas de suor que somos hoje em dia, em especial em certas partes particularmente odoríferas do corpo.

Algumas regiões do corpo são mais peludas e "perfumadas" que outras e começam a ter essas características a partir da puberdade, como genitais e axilas. Depois de certa idade, tanto homens quanto mulheres ficam com cabelos espessos, fartos, e começam a usar (ou pelo menos precisam) desodorante. O cheiro vem de glândulas sudoríparas especiais chamadas apócrinas, que se concentram mais nas axilas, na virilha e em volta dos mamilos. A mistura dessas glândulas com a densidade dos pelos de tais regiões faz com que a essência pessoal dure mais e se disperse como se fosse um aromatizador cuja função, acredite ou não, é atrair outras pessoas (porque, em nível muito primitivo, gostamos da maneira como algumas pessoas cheiram).

Outro fenômeno interessante é que, durante as centenas de milhares de anos em que o processo de depilação corporal estava ocorrendo, a cabeça parecia carregar um processo oposto e extremamente estranho: os pelos começaram a crescer. Os humanos são os animais de pelo mais comprido.

O fato de nossos ancestrais de quase dois milhões de anos atrás já serem bípedes tornou possível que a perda de pelos do corpo fosse bem-sucedida e, simultaneamente, que ganhássemos pelos mais longos e pudéssemos caçar em pleno Sol. Se fosse tão simples perder os pelos para sentir menos calor, talvez houvesse mais mamíferos sem pelos. Mas uma das principais funções do cabelo, que também pode servir de ornamento, é proteger a pele da luz solar. Isso é verificado todos os dias por pessoas que vivem com gatos, os quais podem dormir horas sob o Sol sem sofrer queimaduras, mas que, pelo mesmo motivo, são caçadores noturnos, assim como leões, lobos e outros predadores peludos (que sofrem muito com o calor para caçar de dia). A radiação solar num animal que anda sobre duas patas impacta menos superfície de pele do que um que anda sobre quatro, pois quase em nenhum lugar do corpo o Sol incide diretamente. Exceto, claro, na cabeça, e é por isso que mantemos os cabelos lá.

Ao mesmo tempo que começamos a andar sobre duas pernas, a pele escura começou a ficar mais frequente (antes disso, debaixo do pelo, a pele era pálida), o que nos facilitou descascar. O primeiro *Homo sapiens* tinha uma tez escura (esse tom de pele protege melhor dos raios solares). O de pele clara veio mais tarde, ao migrar para latitudes onde os raios solares eram fracos — assim, não era produzida vitamina D suficiente.

Como vemos, calor, suor e sexo explicam muito da evolução da nossa espécie e dos pelos. No LIMMS, essa história nos deixa bem animadinhos, talvez proporcionalmente semelhante ao contrário do que causa na indústria cinematográfica.

HOUVE SEXO ENTRE OS HUMANOS E OS NEANDERTAIS?

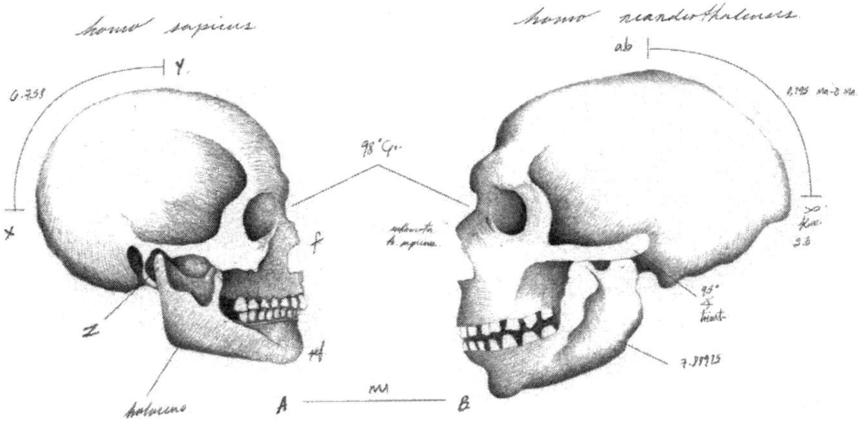

Há muito, muito tempo (embora de uma perspectiva evolutiva nem tão longínqua), os seres humanos das espécies *Homo sapiens* vêm compartilhando o planeta com outras espécies hominídeas. Com um em particular, o *Homo neanderthalensis*, nos encontramos há cerca de 60 mil anos e começamos a dividir o mesmo espaço no que hoje é a Ásia e a Europa, às vezes compartilhando muito mais do que apenas território.

Quando falamos "muito mais", queremos dizer que houve troca de gametas. Ou seja, óvulos e espermatozoides. Em outras palavras, houve sexo entre humanos e neandertais.

Sabemos que isso aconteceu porque, entre humanos e neandertais, não houve relações sexuais esporádicas; houve muitas (digamos contínua e frequentemente por trinta mil anos), e dessas uniões nasceram crianças. Nessas crianças híbridas, o genoma de ambas as espécies foi misturado, e, após a extinção dos neandertais, o DNA deles foi diluído dentro do DNA do *Homo sapiens*, mas não completamente.

Atualmente, qualquer pessoa não africana tem uma média de 2% de DNA neandertal. Se for uma do leste asiático, essa porcentagem sobe para 20%. Isso significa que a maioria das pessoas hoje tem alguma ascendência neandertal. Se carregamos os genes, somos de alguma forma um produto de tais encontros sexuais interespécies.

Essa herança nos deixou algumas vantagens e algumas desvantagens. No lado positivo, alguns dos genes de neandertal aumentaram a imunidade em humanos, oferecendo resistência a certos patógenos asiáticos e europeus aos quais nossa espécie não estava acostumada quando deixou seu local de origem, a África. Entretanto, esses mesmos genes também facilitaram a ativação do sistema imunológico por coisas inofensivas como pólen e feno. Assim, hoje em dia eles são responsáveis pelas alergias que alguns de nós sofrem.

Outra parte do legado negativo do neandertal no genoma humano é a predisposição para algumas condições médicas, como depressão, lúpus, diabetes tipo 2, sensibilidade da pele ao Sol, metabolismo lento e coagulação alta do sangue, que leva a derrames, entre outras.

Os neandertais e outros parentes muito próximos de nossa espécie foram extintos há milhares de anos. Atualmente, a espécie (ainda viva) mais relacionada ao ser humano é o chimpanzé. Quase ninguém pensaria em se reproduzir com um, além do fato de ser biologicamente impossível. No entanto, no passado tivemos uma companhia melhor. E, quando dizemos “melhor”, queremos dizer, mais uma vez, você sabe o quê.

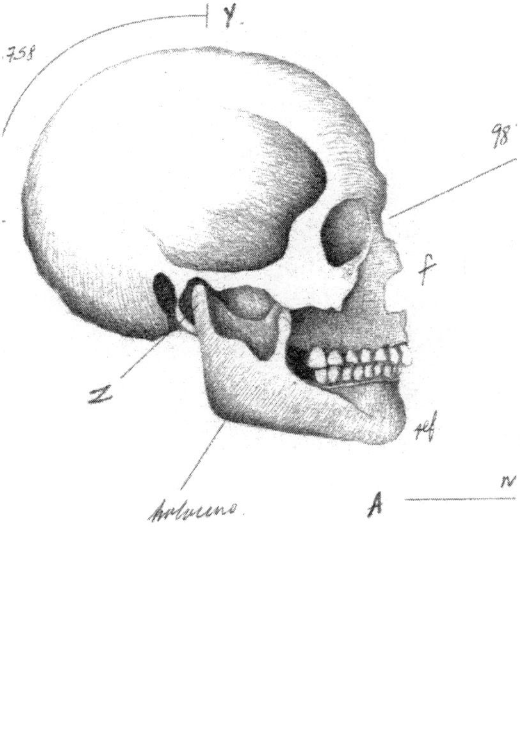

POR QUE A PELE FICA ARREPIADA?

Em uma das poucas férias que tiramos do LIMMS, uma banhista se aproximou de nós (estragando um pouco nosso descanso). Ela estava desesperada porque sua pele havia ficado tal qual uma "galinha depenada" e não entendia o motivo.

O *look* pele de galinha é algo que eu definitivamente quero evitar, em particular quando estou na praia, onde os arrepios vêm sem aviso prévio e com mais frequência. Quando saímos da água e há uma leve brisa, parece inevitável a pele não eriçar e se assemelhar a uma ave recém-depenada, considerada nada sexy pela maioria das pessoas, inclusive a mulher em questão que estava procurando respostas.

A pele arrepiada, chamada por pessoas sérias de "piloereção", é a elevação da pele causada pela contração de músculos muito pequenos que estão presos a cada pelo do corpo. Em animais peludos, ou seja, quase todos os mamíferos, os cabelinhos em pé resultado desse fenômeno fazem com que a camada de ar entre os pelos se expanda, o que aumenta a proteção do calor corporal.

Esses músculos também se contraem em resposta a situações ameaçadoras em que se sente medo, pois, mais uma vez em animais peludos, os pelos eriçados dão uma aparência maior. Em humanos, a piloereção, pelo frio ou por emoções, é completamente inútil.

A pele arrepiada e os calafrios são características evolutivas que herdamos de antepassados mais peludos do que nós, que se beneficiaram com os cabelos em pé. Isso significa que perdemos a função de tal particularidade, mas ainda assim conservamos algumas das estruturas para produzi-la.

A evolução não funciona preservando o que usamos e descartando o que não usamos. Contudo, para que um traço desapareça completamente, devem aparecer indivíduos que não o têm e passá-lo para seus filhos por muitas gerações. Se essas variantes não aparecerem ou se eles não tiverem tantos filhos, o traço inútil continuará a existir.

Assim, nem a banhista nem ninguém mais podem fazer muito para evitar arrepios, pois é uma reação fora de nosso controle. Talvez a única coisa mais ou menos útil seja deixar de chamá-la de "pele de galinha depenada", já que somos herdeiros de quem tinha muitos pelos, não penas.

VIEMOS DOS MACACOS?

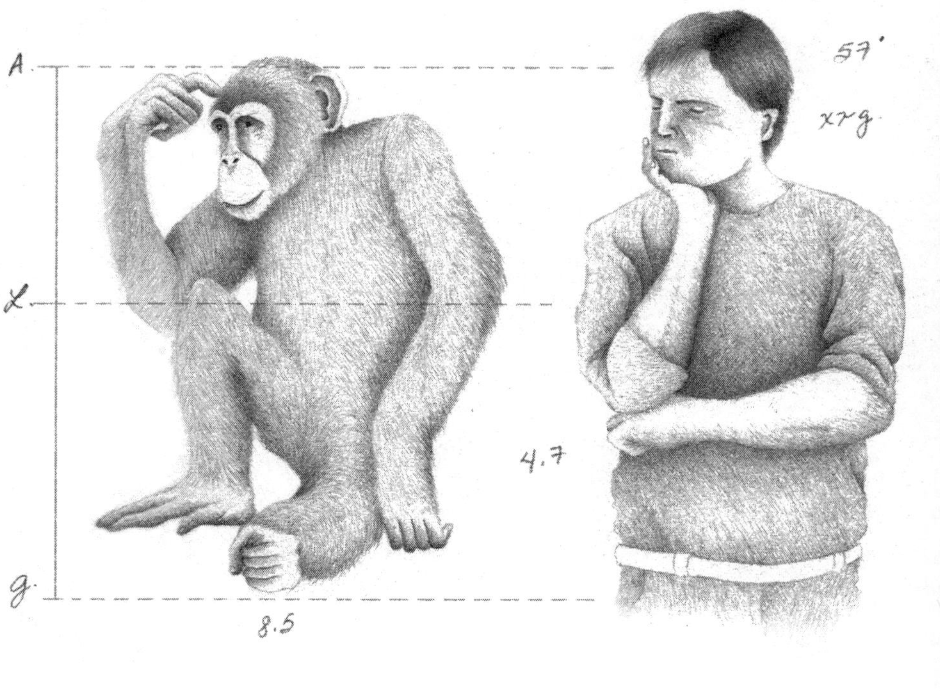

De certa forma, sim; e, de certa forma, não.

Vamos começar com a resposta negativa. Não viemos de nenhum tipo de macaco ou símio contemporâneo.

Temos ancestrais em comum com as espécies que vivem hoje, o que significa que há milhões de anos (quantos milhões de anos dependem da espécie) nossos caminhos divergiram do mesmo ancestral. O grupo que levou ao homem continuou a evoluir, assim como cada espécie.

Essa bifurcação na estrada entre chimpanzés e humanos aconteceu há cerca de seis milhões de anos, e, ao longo desse tempo, o ramo chimpanzé da evolução evoluiu tanto quanto o nosso. Não é que os chimpanzés ou qualquer outro grande macaco (gorilas e orangotangos) tenham sido congelados no tempo enquanto nós, humanos, continuamos a mudar.

Se voltarmos um pouco no tempo, descobriremos que há cerca de 65 milhões de anos viviam os ancestrais de todos os primatas, nome oficial do que costumamos chamar de macacos ou símios. Portanto, é impossível descendermos de algum macaco contemporâneo, já que todos eles tomaram caminhos separados dos nossos desde aqueles tempos remotos.

É difícil saber exatamente como era aquele macaco ancestral e muito complicado apontar, entre as espécies fósseis que encontramos, qual pertenceria a ele (até porque podemos não ter fósseis dessa espécie). Entretanto, graças às características que compartilham todos os primatas, inclusive os fósseis, podemos deduzir algumas das características que o ancestral certamente tinha. Por essa razão, sabemos que era, ou pelo menos se parecia muito, com o que chamaríamos agora de macaco.

O que nos leva à resposta positiva: sim, viemos de um macaco, mas de um macaco muito, muito antigo.

Esse macaco ancestral tinha olhos grandes na frente do rosto que lhe permitiam ter visão binocular e acuidade visual. Apresentava mãos com dedos longos, e com eles conseguia agarrar objetos habilmente. Sua história de vida foi um pouco lenta em comparação com a de outros mamíferos, tendo em vista que seu período de gestação era longo, com um tempo de dependência na infância também muito longo. Tinha um ou dois filhos de cada vez e, ao longo da vida, só se reproduzia raramente, o que resultava em poucas crianças.

Tal caracterização pode muito bem ter sido elaborada por um de nós diante do espelho, o que sustenta a resposta positiva e a negativa à pergunta: viemos dos macacos, por isso compartilhamos tantas características com os símios de hoje (que, como nós, vêm de primatas). Mas, ao mesmo tempo que não viemos dos macacos, ainda somos um deles.

PARA QUE SERVE O APÊNDICE?

Com frequência, nossa mais antiga pesquisadora mais ou menos séria conta com orgulho uma de suas primeiras investigações. Tudo começou quando não acreditou muito no médico que lhe disse que o apêndice que acabara de retirar na cirurgia era inútil. Suas dúvidas sobre tal resposta aumentaram quando, ao ser perguntado sobre as evidências, ele disse que é "fato conhecido". Ela, como todos os integrantes do LIMMS, sabe que "o que é conhecido" é uma resposta pouco satisfatória e não científica.

Durante muito tempo, pensou-se que o apêndice servia apenas para pôr em perigo a vida das pessoas ao explodir dentro dos intestinos. A apendicite é uma infecção desse pequeno órgão de formato cilíndrico que sai como um apêndice (daí o nome) da primeira parte do intestino grosso, chamado ceco. Graças à sua forma, o que entra no apêndice provavelmente nunca sairá, daí sua propensão a infeccionar.

Há muitos anos, o pai da teoria da evolução, Darwin, propôs a ideia de que o apêndice é uma estrutura vestigial, um órgão que, no passado evolutivo, serviu bem aos nossos ancestrais, mas hoje não tem função. Os órgãos vestigiais ainda estão lá porque não ocorreu qualquer mutação ou variante que os fizesse desaparecer. De acordo com Darwin, nossos ancestrais que se alimentavam principalmente de folhas com alto teor de celulose precisavam da ajuda de bactérias para digerir tanta fibra. Essas bactérias se alojavam no ceco, uma parte do intestino que em humanos é muito pequena, mas que em outras espécies com dietas ricas em celulose, como cavalos e coelhos, é bastante grande.

Em algum momento no passado, nossos ancestrais mudaram para uma dieta com menos folhas e mais frutos. Tal modificação "liberou" o ceco de sua função e as mudanças que lhes ocorreram não seriam um problema. Segundo Darwin, o ceco começou a encolher e a dobrar, e uma dessas dobras é o apêndice. Essa história foi contada e recontada, até utilizada em livros didáticos como exemplo de uma estrutura vestigial: algo que, no passado evolutivo, teve uma função, mas que é inútil no presente.

Atualmente, a hipótese está em xeque, pois foi descoberto que os humanos não são os únicos mamíferos com apêndice — existem pelo menos cinquenta outras espécies (tão diferentes e variadas quanto o ornitorrinco e o orangotango) que têm uma dobra saindo do intestino, ou seja, um apêndice. Esses apêndices apareceram independentemente várias vezes. Ou seja, não foram herdados do mesmo ancestral; em cada uma dessas aparições o apêndice evoluiu por si só, o que indica que poderiam ser adaptações. É como se a mesma solução tivesse sido encontrada para o mesmo problema várias vezes sem ser copiada. A questão é descobrir qual é esse problema para o qual o apêndice parece ser a solução, e para isso existem outras pistas.

Sabe-se que o apêndice é um tipo especial de tecido linfático que promove o crescimento de bactérias benéficas para o intestino e pode atuar na resposta imunológica, sobretudo em bebês e crianças.

Assim, à luz desses dados, a nova hipótese sobre o apêndice considera que ele é um "abrigo seguro" para bactérias intestinais benéficas, onde se refugiariam caso ocorresse uma infecção bacteriana prejudicial, para só saírem uma vez passada a infecção para povoar novamente o intestino.

A história evolutiva do apêndice humano, todavia, ainda não está totalmente esclarecida, já que os dados não explicam se tal função imune é indispensável em humanos ou se o apêndice está a caminho de se tornar um órgão vestigial. Enquanto mais evidências são reunidas, nossa mais antiga pesquisadora sugere a todo médico que pare de falar que o apêndice não serve para nada.

POR QUE SOLUÇAMOS?

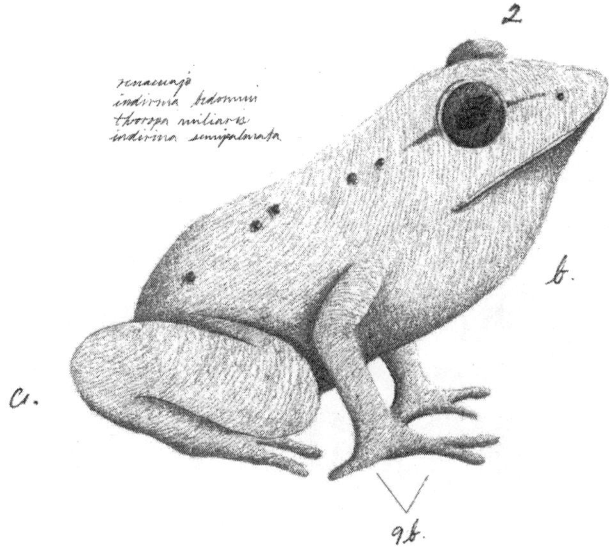

Toda pergunta sobre o mundo dos seres vivos que se inicia com um "por que?" pode ter dois tipos de explicação.

AS PRIMEIRAS

São explicações do que está acontecendo agora, ou seja, das porcas, dos parafusos, das tomadas e das engrenagens que fazem que algo funcione no momento presente (ainda que porcas, parafusos, tomadas e engrenagens no mundo vivo sejam chamados de moléculas, células, ossos ou outros elementos pertinentes). Na verdade, tais explicações respondem mais a um "como" do que a um "por que" está ocorrendo certo fenômeno.

AS SEGUNDAS

São explicações que respondem de maneira mais precisa aos "porquês", ou seja, os processos que durante muitos anos moldaram os seres vivos em certos contextos particulares e que explicam a razão histórica de serem como são. A escala temporal de tais explicações não é o agora, e sim o que ocorreu durante milhões de anos há muito tempo.

Por ser um fenômeno que ocorre com os seres vivos, o soluço tem ambas as explicações. Como o LIMMS não discrimina, daremos as duas.

A PRIMEIRA EXPLICAÇÃO

Na primeira, a das porcas e dos parafusos fisiológicos, o soluço é uma confusão mental.

Trata-se de contrações involuntárias rápidas e desconfortáveis do diafragma que ocorrem quando o nervo vago, que liga o cérebro a muitos órgãos, fica confuso em sua conexão com o estômago. A confusão, que pode derivar de um excesso de álcool, alimentos, emoções, chicletes e um longo etc., faz com que a musculatura do abdome se contraia, resultando na inalação de lufadas de ar repentinas. Assim, a laringe (o tubo pelo qual o ar passa para os pulmões) se fecha e produz o som "hic!", bem como o irritante movimento do tórax.

Alguns remédios caseiros funcionam porque oferecem uma saída ou uma distração dessa confusão. Uma colher cheia de açúcar é muita informação para o nervo vago, que, quando confrontado com uma entrada tão repentina de glicose, se concentra nele e deixa de prestar atenção ao diafragma, acalmando os soluços. Algo semelhante acontece com os sustos e ao prender a respiração, situações que o corpo lê como perigosas e, portanto, precisa fazer algo a respeito. Como os soluços obviamente não são interpretados como de alto risco, são colocados em segundo plano.

A SEGUNDA EXPLICAÇÃO

Na segunda explicação, a que realmente responde o porquê, o soluço é um lembrete evolutivo de que milhões de anos atrás tínhamos um ancestral anfíbio.

Muitos anfíbios, como os sapos, passam os primeiros estágios da vida sendo aquáticos e respiram na água pelas brânquias. Quando se tornam adultos, respiram o ar pelos pulmões, o que lhes permite viver na terra. Como para qualquer ser vivo, a passagem da juventude para a vida adulta é muito complicada — em determinado momento, eles têm tanto as brânquias quanto os pulmões, e isso às vezes atrapalha sua respiração, pois o oxigênio pode entrar por dois lugares não compatíveis com os dois ambientes em que vivem. Ou seja, estando na água e tendo pulmões, podem se afogar se deixarem entrar o líquido quando respiram.

A solução: quando respiram na água, a laringe fecha para não passar nada para os pulmões. Assim, o diafragma tem um pequeno espasmo que empurra a água para fora, pelas brânquias, de modo que eles possam respirar.

Esse movimento é muito semelhante ao que acontece hoje em dia com qualquer pessoa com soluços. Não surpreende, pois temos os mesmos elementos do corpo que os girinos adolescentes: pulmões, laringe, diafragma e o circuito cerebral que controla a ventilação das brânquias, mesmo que não as tenhamos mais.

Em nosso corpo, carregamos muitas coisas que hoje não têm função, mas que permaneceram, pois a evolução não se desfaz de características pelo fato de não serem usadas. Desse modo, o corpo de qualquer espécie pode ser visto como um museu evolutivo, cheio de relíquias ou vestígios que informam sobre o passado.

Retomando ambas as explicações, o LIMMS conclui que o que causa soluços é nosso ancestral sapo bêbado que, de certa forma, ainda vive dentro de nós.

POR QUE OS BEBÊS SÃO TÃO DEPENDENTES?

É um fato bem conhecido que os filhotes humanos estão entre os exemplares mais dependentes de todo o universo conhecido e que assim permanecem durante vários anos. Com 15 dias de nascidos, um gato bebê vai sozinho para a caixa de areia; uma gazela nasce e se levanta pronta para correr imediatamente; e uma tartaruga eclode do ovo e vai para o mar sem qualquer ajuda dos pais. Por outro lado, um ser humano leva até dois anos para se movimentar por conta própria e vários outros para seguir a vida sozinho.

Paradoxalmente, os humanos adultos têm habilidades cognitivas suficientes para fazer cálculos matemáticos que colocam foguetes no espaço, escrever poemas épicos que repercutem por séculos ou cuidar dos filhos. É preciso muita inteligência para cuidar de crianças tão indefesas. Mas parece que foi graças a essa incompetência infantil que a inteligência da espécie humana evoluiu, em parte.

O fato de terem nascido bebês tão incapazes, nos primórdios da humanidade, incentivou os pais a serem os mais inteligentes que poderiam para proporcionar os melhores cuidados parentais. Mas, quanto maior a inteligência, mais massa cerebral é necessária, ou seja, cérebros maiores. Isso se aplica tanto a adultos quanto a bebês. Desse modo, os pais passaram um pequeno problema para seus filhos: cabeças cada vez maiores.

Problema, na verdade, apenas para as mães no momento do parto. No entanto, esse momento é crucial, pois dele depende a vida tanto da mãe quanto da criança — e, portanto, a continuidade da existência humana. A solução fisiológica que evoluiu foi os bebês nascerem com um cérebro subdesenvolvido em relação à sua capacidade máxima, pequeno em relação ao que teria de crescer (na verdade, continua a crescer até a adolescência). Assim, para ter as habilidades mínimas para ser independente, são necessários vários anos de crescimento cerebral: o tempo depende de cada indivíduo, pois, embora se considere que aos dez anos uma criança pode se defender, sabemos que há pessoas de 35 das quais não podemos afirmar o mesmo. O que nos leva ao primeiro ponto: os pais mais inteligentes são obrigados a cuidar desses descendentes em desenvolvimento.

O ciclo é claro: bebês dependentes requerem adultos inteligentes, que por sua vez produzem mais crianças dependentes, que, por sua vez, requerem adultos mais inteligentes. Esse tipo de processo de feedback promove o surgimento evolutivo de traços exagerados, como a inteligência humana, cujas capacidades excedem as necessárias para a reprodução e a sobrevivência.

PARTE 5

MAIS DUAS DE QUEBRA

O QUE É O EFEITO PLACEBO?

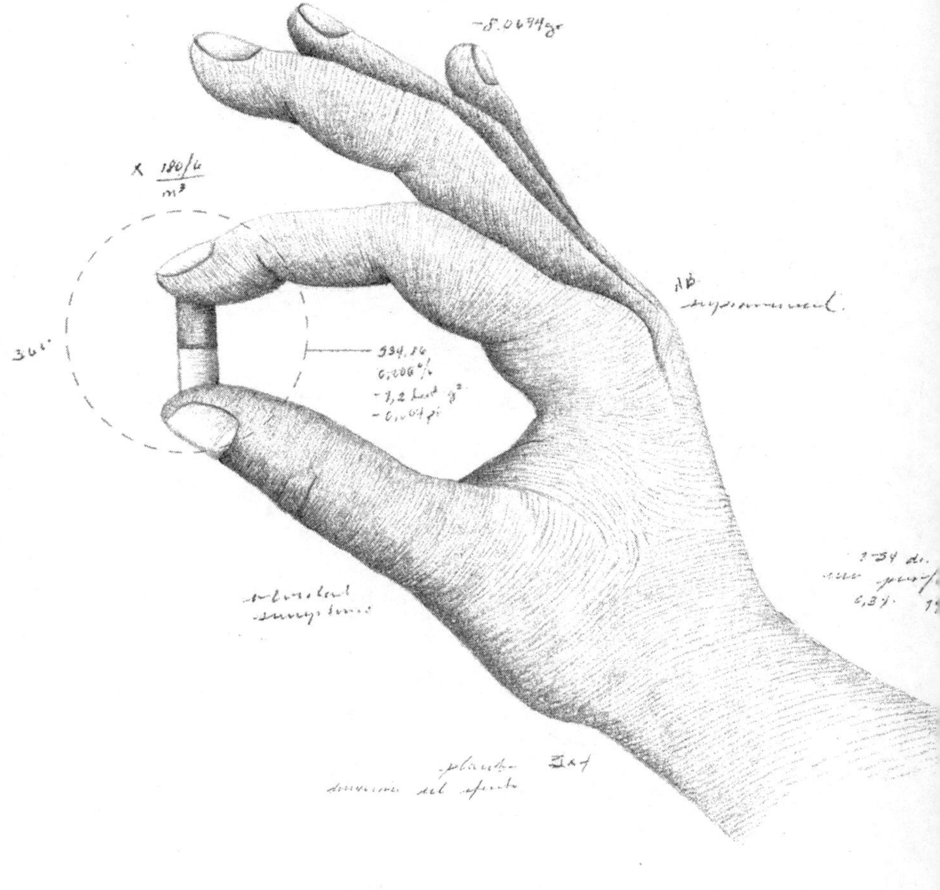

Às vezes, no escritório do LIMMS, as pessoas têm dor de cabeça. Como em qualquer escritório, como em qualquer cabeça. Mas, ao contrário de quase qualquer escritório e de quase qualquer remédio, optamos por oferecer aos afetados pela dor uma cápsula de duas cores sem nada dentro, mas retirada de uma embalagem especial que parece ser a de um medicamento sofisticado. Ela é dada por qualquer um da equipe, disfarçado com um jaleco, óculos e um rosto sereno. O remédio funciona (embora nem sempre, mas mesmo o ibuprofeno não funciona em todos os casos).

Esse é o chamado efeito placebo, quando um placebo (substância, tratamento, produto ou quase qualquer coisa que não tenha o valor terapêutico pretendido) funciona como se fosse um tratamento eficaz. Há momentos em que nem sequer é necessário ter uma substância ou um produto no sentido estrito, com o ritual e o lero-lero de "estar sob tratamento médico", às vezes as pessoas melhoram de sua condição.

O efeito placebo é ótimo para alterar o modo como o cérebro percebe a dor. Por isso, os placebos (como os que damos no LIMMS) competem bem com os medicamentos opioides,* que, além de bloquearem as mensagens enviadas pelo corpo para que o cérebro diga "isso está doendo", também têm efeitos sobre os ritmos cardíaco e respiratório. O que impressiona é que os placebos, de igual modo, têm esses efeitos: observou-se que podem retardar esses dois ritmos.

"Tudo está no poder da mente", dirão alguns. Infelizmente, não é esse o caso. No efeito placebo, não há, por exemplo, cura para o câncer. Também não há como abaixar o nível do colesterol. Nem tratar uma infecção. Em termos gerais, o efeito placebo atua sobre os sintomas que o cérebro fabrica, como dor, cansaço, náusea, desespero ou ansiedade, que, juntos, são quase sempre o que chamamos de "sentir-se mal". Eliminar esse desconforto é, como o nome indica, uma parte importante do "sentir-se bem".

Ainda não se sabe ao certo o que acontece no cérebro para produzir o efeito placebo, mas ele vai além de pensamento positivo ou desejo de melhorar. Acredita-se estar associado às expectativas (conscientes ou inconscientes) que criamos com base em experiências passadas.

---

* Os opioides são produtos químicos que se ligam a receptores localizados principalmente no cérebro. Sua principal ação é inibir a dor e gerar euforia. Alguns exemplos de opioides são a morfina, a codeína e a heroína.

Por exemplo, a de que ter ido ao médico ou recebido um comprimido de duas cores trouxe bem-estar em ocasião anterior. Isso causa uma série de reações no cérebro, onde são liberados neurotransmissores que nos fazem sentir bem (como endorfinas e dopamina) e ativa certas áreas relacionadas às emoções e à autoconsciência, as quais, juntas, têm efeitos terapêuticos sobre o corpo.

Assim, para haver o efeito placebo, não é necessário montar uma farsa como a que fazemos no LIMMS (confessamos que gostamos de teatralidade). Todo o ritual e o ambiente que envolve os tratamentos, que variam entre as culturas e as crenças, já são suficientes. Em muitos casos, o efeito placebo é uma parte importante das terapias, seja com medicamentos, seja com orações, o que melhora os resultados terapêuticos (com seus limites, conforme mencionado antes).

A recomendação do LIMMS para a medicina é que, sabendo que o contexto em que um tratamento ocorre é importante para o sucesso, deve-se dar bastante importância às várias interações que ocorrem entre o paciente, o meio ambiente e os médicos. Por exemplo, que os médicos ouçam com atenção e expliquem diligentemente; que haja um acompanhamento atento dos pacientes; que o ambiente físico, tanto um consultório quanto uma sala de espera ou uma cabine de massagem, seja acolhedor e digno de confiança. Isso fará com que os ingredientes ativos funcionem como deveriam, com uma pequena ajuda extra de um placebo.

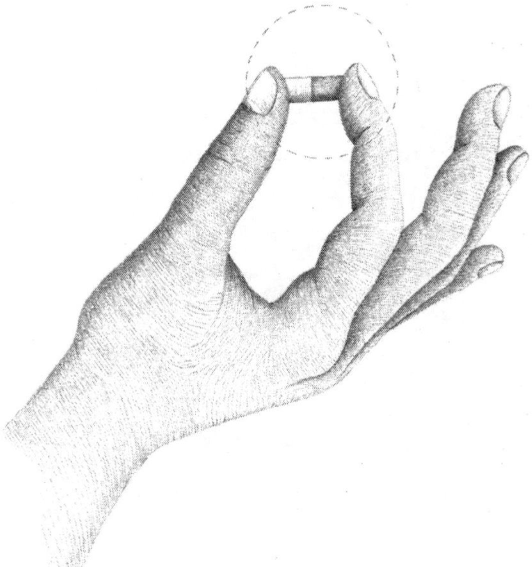

POR QUE A ROUPA MOLHADA MUDA DE COR?

O departamento de óptica aplicada, determinado a contribuir com algo que verdadeiramente beneficiasse a sociedade, propôs-se a entender por que os sovacos suados poderiam ser percebidos não só pelo toque e pelo cheiro, mas pelo simples fato de serem vistos, e como evitar essa penosa situação.

A razão desse fenômeno está na luz e na forma como ela viaja e se reflete em diferentes meios e superfícies. Nossos olhos percebem as cores dos objetos pela luz que ricocheteia neles. Quanto mais luz refletem, mais brilhantes as coisas parecem. Quando um tecido fica molhado, a luz ricocheteia de maneira diferente do que se o tecido estivesse seco.

Ao penetrar na mancha de suor, a luz para de viajar no ar para estar em um meio aquoso. Quando isso acontece, os raios de luz se curvam ao sair do meio aquoso, ou seja, ao saltar de nossos olhos. Como estão dobrados, eles saem em direções diferentes. Para nossas retinas, isso significa menos luz direta, o que resulta numa percepção de cores mais escuras.

É inevitável que uma roupa molhada, pelo suor ou por qualquer outra coisa, pareça mais opaca. Para reduzir esse efeito visual, precisam ser usadas roupas escuras. O tecido claro reflete mais a luz, porque a mudança na direção da mancha é mais evidente e a torna mais perceptível. No entanto, como os tons escuros refletem menos luz, o efeito sobre a roupa molhada não é tão óbvio.

Além disso, em tecidos cujas fibras têm maior separação entre si, tal como o algodão, a água penetra profundamente e, assim, a luz entra mais e se duplica. Em tecidos como o poliéster, nos quais as fibras não estão tão distantes e não têm muita capacidade de absorver líquidos, a luz não encontra tanta água para ricochetear e atinge nossos olhos de volta com quase a mesma intensidade.

Aplicando os resultados de suas pesquisas, os membros do departamento de óptica aplicada decidiram usar camisas pretas de poliéster para apresentar suas descobertas em um congresso; falar sobre moda em tais eventos quase sempre não é levado nem um pouco a sério. Seus nervos fizeram o mesmo em seus sovacos, mas a escolha do tecido os ajudou a escondê-lo perfeitamente. Ninguém aplaudiu ou comentou, mas naquele dia as vendas de roupas escuras de fibra sintética aumentaram naquela região.

MAIS OU MENOS UMA CONCLUSÃO

É impossível testar a hipótese de que o LIMMS despertou alguma alegria após sua leitura, graças a uma tremenda falha metodológica ou mesmo à ausência de uma. Em resumo, não temos nenhum método de receber um feedback e, assim, nenhum resultado. Estamos bastante angustiados e reconhecemos que esse erro é mais ou menos sério. Por favor, receba um sincero pedido de desculpas.

Esperamos, porém, que, ao ler o LIMMS, você tenha encontrado fios divertidos e mais ou menos sérios o suficiente para começar a tecer um entendimento científico do mundo. O que você faz com o tecido resultante é de sua responsabilidade. Nossa recomendação é que o utilize, acima de tudo, para fazer comentários nos almoços de domingos durante a sobremesa ou para iniciar as próprias investigações mais ou menos sérias.

Assim, leitor, receba nossos melhores votos. Que esta nova viagem seja tão fascinante para você quanto tem sido para nós (ou, pelo menos, fascinante o suficiente para que você queira continuar descobrindo)!

NOTA DA AUTORA

Há muitos anos, comemorando meu aniversário junto com vários amigos e algumas cervejas, em meio a risadas e um pouco de reclamações sobre nosso trabalho na pesquisa científica, percebemos que, apesar dos percalços que vivíamos como estudantes de pós-graduação em ciências, os prazeres eram maiores. Sobretudo porque gostávamos de aprender sobre diversas explicações de fenômenos que talvez nem soubéssemos que existiam, sobre questões que muitas vezes pareciam absurdas, mas que iniciaram pesquisas maravilhosas, sobre a criatividade que os cientistas têm em investigar o mundo e, é claro, sobre se sentir parte dessa comunidade científica. Tanta risada e diversão não caberia num mundo visto como supersério; daí o título *O livro das investigações mais ou menos sérias*, que veio para ficar.

Mais tarde, descobri que gosto mais de ler e escrever sobre ciência do que de fazer ciência (no sentido de fazer pesquisa laboratorial dentro de contextos acadêmicos). Pensar em mim fora do mundo acadêmico era um pouco difícil, até entender que, ao popularizar a ciência, eu não só a vivenciava de modo muito melhor, como ainda era uma pesquisadora (mais ou menos séria). Agora, gosto de pensar que qualquer pessoa pode fazer essas investigações mais ou menos sérias ao se aproximar com curiosidade e um olhar científico para a vida, sempre deixando risos nesse caminho.

Para mim, este livro é uma expressão do gosto, da admiração e da diversão que sinto ao compreender e explicar o mundo sob o olhar da ciência. Tê-lo escrito é um grande presente que me foi concedido, pois a voz que encontrei no LIMMS me faz me sentir mais eu (o que desejo a toda e cada uma das pessoas deste mundo). Espero que esta obra tenha fluído para você, leitor, assim como fluiu para mim, e que tenha despertado mais ainda o desejo de saber, de investigar e de se autodenominar orgulhosamente um investigador mais ou menos sério.

Alejandra Ortiz Medrano

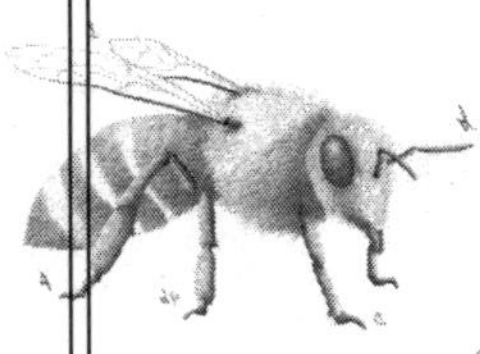

AGRADECIMENTOS

Eu me diverti muito com a pesquisa para este livro. Por isso, sou grata a todas as pessoas que sugeriram as perguntas (menção especial àqueles que fizeram a de por que os cães se parecem com seus donos e a sobre o cotão do umbigo).

Obrigada à Editora Planeta, a Karina M. e a Tamara G., por abrirem as portas e pelos valiosos comentários. A Jorge S. e Benjamin M., por me darem alguns empurrões nessa estrada. A Camilo W., por me aturar durante os meses de escrita.

A todas as pessoas que disponibilizam artigos com acesso livre na internet, os quais usei como referência para a pesquisa, e, é claro, a todos que os escreveram.

Agradeço com amor ao Centro de Investigaciones Medianamente Serias e a todos os seus membros. Aos que me ensinaram a fazer ciência, como Daniel P. Aos que me ensinaram a escrever favorecendo as condições de leitura, como Teresa e Luis Miguel.

Por fim, um agradecimento muito especial a quem leu o livro. Embora pareça muito evidente, a razão de existir do LIMMS é ser lido, e, graças a quem o lê, eu, como autora, posso fazer uma das coisas de que mais gosto na vida: escrever.

Obrigada por possibilitar que essa parte da minha vida seja assim.

REFERÊNCIAS POR CAPÍTULOS

Parte 1: Corpo

O que é o cotão acumulado no umbigo (e por que ele está lá)?

- DEEPU, P. Modeling the production of barrily button lint. *Scientific Reports*, v. 8, 2018. Disponível em: www.nature.com/artigos/s41598-018-32765-9.
- HULCR, Jiri et al. A jungle in there: bacteria in belly buttons are highly diverse, but predictable. *Plos One*. 2012. Disponível em: https://journals.plos.org/plosone/article?id=10.1371/journal.pone.0047712.
- STEINHAUSER, G. The nature of navel fluff. *Medical Hypotheses*, v. 72, n. 6, p. 623-625, jun. 2009. Disponível em: www.sciencedirect.com/science/article/pii/S0306987709000474.
- THE BELLYBUTTON LINT SURVEY RESULTS. 2018. Disponível em: www.abc.net.au/science/k2/lint/results.htm.

Por que ficamos enjoados quando lemos no carro?

- HAIN, T. C. Why does reading in a moving car cause motion sickness?, *Scientific American*. 2003. Disponível em: www.scientificamerican.com/article/why-does-reading-in-a-mov.
- TREISMAN, M. Motion sickness: an evolutionary hypothesis. *Science*, v. 197, n. 4302, p. 493-495, jul. 1977. Disponível em: http://science.sciencemag.org/content/197/4302/493.

Por que não me lembro de quando era bebê?

- AKERS, K. G. et al. Hippocampal neurogenesis regulates forgetting during adulthood and infancy. *Science*. 2014. Disponível em: http://science.sciencemag.org/content/344/6184/598.
- FIVUSH, R.; NELSON, K. Culture and language in the emergence of autobiographical memory. *Sage Journals*. 2004. Disponível em: https://journals.sagepub.com/doi/abs/10.1111/j.0956-7976.2004.00722.x.
- HAYNE, H. Infant memory development: implications for childhood amnesia, *Developmental Review*, v. 24, n. 1, p. 33-73, mar. 2004. Disponível em: www.sciencedirect.com/science/article/pii/S0273229703000431.
- MACDONALD, S.; UESILIANA, K.; HAYNE, H. Cross-cultural and gender differences in childhood amnesia. *Memory*, v. 8, n. 6, p. 365-376, nov. 2000. Disponível em: www.ncbi.nlm.nih.gov/pubmed/11145068.

É necessário tomar banho todos os dias?

- BRUECK, H. How often you actually need to shower, according to science. *Business Insider*. 2018. Disponível em: www. businessinsider.com/showering-how-often-2017-11.
- KHAZAN, O. How frequently people in various countries shower: amidst the no-shampoo revolution, a look at global hygie-

ne habits. *The Atlantic*. 2015. Disponível em: www.theatlantic.com/health/archive/2015/02/how-often-people-in-various--countriesshower/385470.

- SER, C. ¿Cuánta agua utilizamos durante la ducha? 2014. Disponível em: https://agua.org.mx/cuanta-agua-utilizamos-durantela-ducha.
- SYMON, E. Science suggests you should not shower anymore every day anymore. *Lifehack*. (s/d). Disponível em: www.lifehack.org/355349/science-suggests-you-should-abandon-the--habitshowering-every-day.

O estresse causa cabelo branco?

- COMMO, S; GAILLARD, O.; BERNARD, B. A. Human hair greying is linked to a specific depletion of hair follicle melanocytes affecting both the bulb and the outer root sheath. *British Journal of Dermatology*, v. 150, n. 3, p. 435-443, 2004. Disponível em: https://onlinelibrary.wiley.com/doi/abs/10.1046/j.1365-2133.2004.05787.x.
- LIVE SCIENCE STAFF. Can fright turn hair suddenly white? 2012. Disponível em: www.livescience.com/32172-canfright--turn-hair-suddenly-white.html.
- SINCLAIR, R. Here's why your hair is turning grey, according to science. *The Conversation*. 2018. Disponível em: www. sciencealert.com/why-hair-turns-grey-age-stress-science.

- TRÜEB, R. M. Oxidative stress in ageing of hair. *Int. J. Trichology*, v. 1, n. 1, 2009, p. 6-14. Disponível em: www.ncbi.nlm.nih.gov/pmc/artigos/PMC2929555.

Existe o gene da infidelidade?

- CHERKAS, L. F. et al. Genetic influences on female infidelity and number of sexual partners in humans: a linkage and association study of the role of the vasopressin receptor gene (AVPR1A). *Journal of the Cambridge University Press*, v. 7, n. 6, p. 649-658, 2004. Disponível em: www.cambridge.org/core/journals/twin-research-and-human-genetics/article/genetic-influences-onfemale-infidelity-and-number-of-sexual-partners-in-humans-a-linkage-and-association-study-of-the-role-of-the-vasopressin-receptor-gene-avpr1a/CD90C401AB01263A4205D6E926A914F8.
- FISHER, H. *Anatomy of love: a natural history of mating, marriage, and why we stray*. Ballantine Books, 2014. Disponível em: www.amazon.com/Anatomy-Love-Natural-History-Marriage/dp/0449908976.
- GARCÍA, J. R. Associations between dopamine D4 receptor gene variation with both infidelity and sexual promiscuity. *Plos One*. 2010. Disponível em: https://journals.plos.org/plosone/article?id=10.1371/journal.pon.0014162.

- HATEMI, P. K. A genome-wide analysis of liberal and conservative political attitudes. *The Journal of Politics*, v. 73, n. 1, p. 271-285, 2011. Disponível em: https://pdfs.semanticscholar.org/d3b7/da80d80fc1147ccf99a29c91ccfbcaa9ac97.pdf.
- HEWITT, John K. Editorial policy on candidate gene association and candidate gene-by-environment interaction studies of complex traits. *Behavior Genetics*, v. 42, n. 1, p. 1-2, 2012. Disponível em: https://link.springer.com/article/10.1007%2Fs10519-011-9504-z.
- HORGAN, J. 'Infidelity gene' hyped in the news. *Scientific American*, maio 2015. Disponível em: https://blogs. scientificamerican.com/cross-check/infidelity-gene-hyped-in-the-news.
- NICOLAOU, N. et al. Is the tendency to engage in entrepreneurship genetic?. *Management Science*, v. 54, n. 1, p. iv235, 2008. Disponível em: https://pubsonline.informs.org/doi/abs/10.1287/mnsc.1070.0761.
- NICOS, N. et al. A polymorphism associated with entrepreneurship: evidence from dopamine receptor candidate genes. *Small Business Economics*, v. 36, n. 2, p. 151-155, fev. 2011. Disponível em: https://link.springer.com/article/10.1007/s11187-010-9308-1.
- ZARASKA, M. The genes of left and right: our political attitudes may be written in our DNA. *Scientific American*. 2016.

Disponível em: www.scientificamerican.com/article/the-genes--of-left-and-right.

Por que, quando não durmo, fico mal-humorado?

- HIRSHKOWITZ, M. et al. National Sleep Foundation's sleep time duration recommendations: methodology and results summary. *Sleep Health Journal of the National Sleep Foundation*, v. 1. n. 1, p. 40-43, 2015. Disponível em: www.sleephealthjournal.org/article/S2352-7218%2815%2900015-7/fulltext.
- SEUNG-SCHIKYOO et al. The human emotional brain without sleep — a prefrontal amygdala disconnect. *Current Biology*, v. 17, n. 20, p. R877-R878, 2007. Disponível em: www.sciencedirect. com/science/article/pii/S0960982207017836.
- VAN DER HELM, E.; WALKER, M. P. Overnight therapy? The role of sleep in emotional brain processing. *Psychol. Bull.* v. 135, n. 5, p. 731-748, set. 2009. Disponível em: www.ncbi.nlm. nih. gov/pmc/articles/PMC2890316.

Por que as tatuagens são permanentes?

- LEA, P. J.; PAWLOWSKI, A. Human tattoo: electron microscopic assessment of epidermis, epidermal? Dermal junction, and dermis. *International Journal of Dermatology*, v. 26, n. 7, p. 453-

458, 1987. Disponível em: https://onlinelibrary.wiley.com/doi/pdf/10.1111/j.1365-4362.1987.tb00590.x.

- SPERRY, K. Tattoos and tattooing. Part II: Gross pathology, histopathology, medical complications, and application. *American Journal of Forensic Medicine & Pathology*, v. 13, n. 1, p. 7-17, 1992. Disponível em: www.researchgate.net/publication/21569621_Tattoos_and_tattooing_Part_II_Gross_pathology_histopathology_medical_complications_and_applications.

Por que a textura do cabelo de algumas pessoas muda com o passar dos anos?

- GRIGGS, M. B. Why does hair change as you age?. *Live Science*. 2012. Disponível em: www.livescience.com/33654-hair-older.html.
- SHIMOMURA, Y. ; CHRISTIANO, A. M. Biology and genetics of hair. *Annu. Rev. Genômica. Hm. Genet*, v. 11, p. 109-32, 2010. Disponível em: www.ncbi.nlm.nih.gov/pubmed/20590427.
- THIBAUT, S. et al. Human hair shape is programmed from the bulb. *British Journal of Dermatology*. v. 152, n. 4, p. 632-638, 2005. Disponível em: https://onlinelibrary.wiley.com/doi/abs/10.1111/j.13652133.2005.06521.x.
- VALINS, W. et al. Alteration in hair texture following regrowth in alopecia areata. A case report. *JAMA Network*. 2011. Dispo-

nível em: https://jamanetwork.com/journals/jamadermatology/fullarticle/1105175.

- WESTGATE, G. E.; GINGER, R. S.; GREEN, M. R. The biology and genetics of curly hair. *Experimental Dermatology*, v. 26, n. 6, p. 483-490, 2017. Disponível em: https://onlinelibrary.wiley.com/doi/full/10.1111/exd.13347.

O que acontece na pele quando surgem olheiras?

- DAROACH, M.; KUMARAN, M. S. Periorbital hyperpigmentation — an overview of the enigmatous condition. *Pigment International*. 2018. Disponível em: www.pigmentinternational.com/article.asp?issn=2349-5847;year=2018;volu me=5;issue=1;spage=1;epage=3;aulast=Daroach.
- FREITAG, F. M.; CESTARI, T. F. What causes dark circles under the eyes?. *Journal of Cosmetic Dermatology*, v. 6, n. 3, p. 211-215, 2007. Acesso em: https://onlinelibrary.wiley.com/doi/abs/10.1111/j.1473-2165.2007.00324.x.

Faz mal estalar os dedos?

- DEWEBER K.; OLSZEWSKI M.; ORTOLANO, R. Knuckle cracking and hand osteoarthritis. *J. Am. Conselho de Administração Fam. Med.*, v. 24, n. 2, p. 169-74, 2011. Disponível em: www.ncbi.nlm.nih.gov/pubmed/21383216.

- KAWCHUK, G. N. Real-time visualization of joint cavitation. *Plos One*. 2015. Disponível em: https://journals.plos.org/plosone/article?id=10.1371/journal.pon.0119470.
- SUJA, V. C.; BARAKAT, A. I. A mathematical model for the sounds produced by knuckle cracking. *Scientific Reports*. v. 8, 2018. Disponível em: www.nature.com/articles/s41598-018-22664-4.
- SWEZEY, R. L. Does knuckle cracking leads to arthritis of the fingers? Reply. *Arthritis & Rheumatism*, v. 41, n. 5, p. 950, 1998.
- SWEZEY, R. L.; SWEZEY S. E. The consequences of habitual knuckle cracking. *West J. Med*. 1975. Disponível em: www.ncbi.nlm.nih.gov/pmc/articles/PMC1129752.
- UNGER, D. L. Does knuckle cracking leads to arthritis of the fingers?. *Arthritis Rheum.*, v. 41, n. 5, p. 949-950, 1998. Disponível em: www.ncbi.nlm.nih.gov/pubmed/?term=Unger%20DL%20knuckle%20cracking.

Por que os recém-nascidos se parecem tanto?

- HILLS, Peter J.; WILLIS, Susan F. L. Children view own-age faces qualitatively different to other-age faces. *Journal of Cognitive Psychology*, v. 28, n. 5, p. 601-610, 2016. Disponível em: www.tandfonline.com/doi/full/10.1080/20445911.2016.1164710.
- KUEFNER, D. et al. Do all kids look alike? Evidence for another-age effect in adults. J. *Exp. Psychol. Hum. Percept. Perform*,

v. 34, n. 4, p. 811-817, 2008. Disponível em: www.ncbi.nlm.nih.gov/pubmed/18665727.

Por que os mosquitos picam mais algumas pessoas do que outras?

- DOBSON, Roger. Mosquitoes prefer pregnant women. *BMJ*, v. 320, n. 7249, p. 1558, jun. 2000. Disponível em: www.ncbi.nlm.nih.gov/pmc/articles/PMC1127358.
- SHIRAI, O. et al. Alcohol ingestion stimulates mosquito attraction. *J. Am. Mosq. Control Assoc.*, v. 18, n. 2, p. 91-96, 2002. Disponível em: www.ncbi.nlm.nih.gov/pubmed/12083361.

Por que o cabelo enrola com a umidade?

- CLAIBORNE R. C. Fated to frizz. *The New York Times*. 2012. Disponível em: www.nytimes.com/2012/10/30/science/why-doessome-hair-frizz-when-its-humid.html.
- ROBBINS, C. R. *Chemical and physical behavior of human hair*, 5. ed. Springer, 2012. Disponível em: www.springer.com/gp/book/9783642256103.

Por que é tão bom fazer cocô?

- ARAUJO, I. E. Food reward in the absence of taste receptor signaling. *Neuron.*, v. 57, n. 6, p. 930-941, 2008. Disponível em: www.ncbi.nlm.nih.gov/pubmed/18367093.

- HAN, W. A neural circuit for gut-induced reward. *Cell*, v. 175, n. 3, p. 665-678, E23, 2018. Disponível em: www.cell.com/cell/fulltext/S0092-8674(18)31110-3?_returnURL=https%3A%2F%2Flinkinghub.elsevier.com%2Fretrieve%2Fpii%2FS0092867418311103%3Fshowa ll%3Dtrue.
- KAPOOR, W. N.; PETERSON, J; KARPF, M. Defecation syncope. A symptom with multiple etiologies. *Arch. Intern. Med.*, v. 146, n. 12, p. 2377-2379, 1986. Disponível em: www.ncbi.nlm.nih.gov/pubmed/3778072.
- RICHMAN, J.; SHETH, A. The complete what's your poo telling you. Chronicle Books, 2018. Acesso em: www.amazon.com.mx/Complete-Whats-Your-Poo-Telling/dp/145217007X/ref=sr_1_fkmr2_2?ie=UTF8&qid=1546627454&sr=8-2-fkmr2& keywords=what+i s+your+poo+telling+telling+you.

A maldade é hereditária?

- SÁNCHEZ-ROIGE, S. et al. The genetics of human personality. *Genes Brain. Behav.* v. 17, n. 3, p. e12439, 2018. Disponível em: www. ncbi.nlm.nih.gov/pubmed/29152902.
- VUKASOVIĆ, T.; BRATKO, D. Heritability of personality: a meta-analysis of behavior genetic studies. *Psychological Bulletin.* v. 141, n. 4, 769-785, 2015. Disponível em: https://psycnet.apa.org/doiLanding?doi=10,1037%2Fbul0000017.

Qual é a relação da Lua com o comportamento humano?

- DANZL, D. F. Lunacy. *J. Emerg. Med.*, v. 5, n. 2, p. 91-95, 1987. Disponível em: www.ncbi.nlm.nih.gov/pubmed/3584923.
- FOSTER, R. G.; ROENNEBERG, T. Human responses to the geophysical daily, annual and lunar cycles. *Current Biology*, v. 18, n. 17, p. R784-R794, 2008. Disponível em: www.cell.com/currentbiology/fulltext/S09609822(08)008658?_returnURL=https%3A%2F%2Flinkinghub.elsevier.com%2Fretrieve%2Fpii%2FS0960982208008658%3Fshowall%3Dtrue.
- KAMAT, S. et al. Pediatric psychiatric emergency department visits during a full moon. *Pediatr. Emerg. Care*, v. 30, n. 12, p. 875-878, 2014. Disponível em: www.ncbi.nlm.nih.gov/pubmed/25407032.
- MARGOT, Jean-Luc. No evidence of purpose lunar effect on hospital admission rates or birth rates. *Nursing Research*, v. 64, n. 3, p. 168-175, 2015. Disponível em: https://journals.lww.com/nursingresearchonline/Fulltext/2015/05000/No_Evidence_of_Purported_Lunar_Effect_on_Hospital.3.aspx.
- MCLAY, R. N.; DAYLO, A. A.; HAMMER, P. S. No effect of lunar cycle on psychiatric admissions or emergency evaluations. *Mil. Med.*, v. 171, n. 12, p. 1239-1242, 2006. Disponível em: www.ncbi.nlm.nih.gov/pubmed/17256692.

- ROTTON, J.; KELLY, I. W. Much ado about the full moon: a metaanalysis of lunar-lunacy research. *Psychological Bulletin*, v. 97, n. 2, p. 286-306, 1985. Disponível em: https://psycnet.apa.org/record/1985-19152-001.

Por que me deu uma alergia do nada?

- CRESPO, J. F. et al. Cross-reactivity of IgE-binding components between boiled Atlantic shrimp and German cockroach. *Allergy*, v. 50, n. 11, p. 918-924, 1995. Disponível em: www.ncbi.nlm.nih.gov/pubmed/8748725.
- CRESPO, J. F.; RODRÍGUEZ, J. Food allergy in adulthood. *Allergy*, v. 58, n. 2, p. 98-113, 2003. Disponível em: https://onlinelibrary.wiley.com/doi/full/10.1034/j.1398-9995.2003.02170.x.
- MONERET-VAUTRIN, D. A.; MORISSET, M. Adult food allergy. *Current Allergy and Asthma Reports*, v. 5, n. 1, p. 80-85, 2005. Disponível em: https://link.springer.com/article/10.1007/s11882-005-0060-6.
- PASCAL, M. et al. Microbiome and allergic diseases. *Front Immunol*, v. 9, p. 1584, 2018. Disponível em: www.ncbi.nlm.nih.gov/pmc/articles/PMC6056614.
- UNTERSMAYR, E.; JENSEN-JAROLIM, E. The role of protein digestibility and antacids on food allergy outcomes. *J. Allergy*

Clin. Immunol., v. 121, n. 6, p. 1301-1310, 2008. Disponível em: www.ncbi. nlm.nih.gov/pmc/articles/PMC2999748.

Parte 2: Alimentos

Os humanos são naturalmente carnívoros ou vegetarianos?

- POBINER, B. Evidence for meat-eating by early humans. *Nature Education Knowledge*, v. 4, n. 6, p. 1, 2013. Disponível em: www. nature.com/scitable/knowledge/library/evidence-for-meat-eatingby-early-humans-103874273.
- SMIL, V. Should humans eat meat? [excerpt]. *Scientific American*. 2013. Disponível em: www.scientificamerican.com/article/ should-humans-eat-carne-excerpt.
- ZINK, K. D.; LIEBERMAN, D. E. Impact of meat and Lower Palaeolithic food processing techniques on chewing in humans. *Nature*, v. 531, p. 500-503, 2016. Disponível em: www.nature. com/artigos/nature16990.

Por que as grávidas têm desejos?

- ORLOFF, N. C.; HORMES, J. M. Pickles and ice cream! Food cravings in pregnancy: Hypotheses, preliminary evidence, and directions for future research. *Front Psychol.*, v. 5, 2014. Disponível em: www.ncbi.nlm.nih.gov/pmc/articles/PMC4172095.

Uma maçã podre pode mesmo apodrecer as outras?

- DUBOIS, M.; VAN DEN BROECK, L.; INZÉ, D. The pivotal role of ethylene in plant growth. *Trends in Plants Science*, v. 23, n. 4, p. 311-323, 2018. Disponível em: www.sciencedirect.com/science/article/pii/S1360138518300153.
- DUDLEY, R. Ethanol, fruit ripening, and the historical origins of human alcoholism in primate frugivory. *Integrative and Comparative Biology*, v. 44, n. 4, p. 315-323, 2014. Disponível em: https://academic.oup.com/icb/article/44/4/315/800304.
- JANZEN, D. H. Why fruits rot, seeds mold, and meat spoils. *The American Naturalist*, v. 111, n. 980, p. 691-713, 1977. Disponível em: www.jstor.org/stable/2460325?seq=1#page_scan_tab_ contents.

Os adoçantes artificiais são tão ruins quanto dizem?

- BORRAJO, G. J. C. Panorama epidemiológico de la fenilcetonuria (PKU) en Latinoamérica. *Acta Pediátrica de México*, v. 33, n. 6, p. 279-287, 2012. Acesso em: www.medigraphic.com/pdfs/actpedmex/apm-2012/apm126c.pdf.
- EFSA PANEL ON FOOD ADDITIVES AND NUTRIENT SOURCES ADDED TO FOOD (ANS). Scientific opinion on the reevaluation of aspartame (E 951) as a food additive. *EFSA Journal*. 2013. Disponível em: https://efsa. onlinelibrary.wiley.com/doi/abs/10.2903/j.efsa.2013.3496.

- LIM, U. et al. Consumption of aspartame-containing beverages and incidence of hematopoietic and brain malignancies. *Cancer Epidemiology, Biomarkers & Prevention*, v. 15, n. 9, p. 1654-1659, 2006. Disponível em: https://dietandhealth.cancer.gov/docs/aspartame.pdf.
- SUEZ, J. et al. Artificial sweeteners induce glucose intolerance by altering the gut microbiota. *Nature*, v. 514, p. 181-186, 2014. Disponível em: www.nature.com/articles/nature13793.
- WEIHRAUCH, M. R.; DIEHL, V. Artificial sweeteners — do they bear a carcinogenic risk?. *Annals of Oncology*, v. 15, n. 10, p. 1460-1465, 2004. Disponível em: https://academic.oup.com/annonc/artigo/15/10/1460/170200.

Por que eu não gostava de cerveja quando era criança e agora gosto?

- MENNELLA J. A.; PEPINO M. Y.; REED, D. R. Genetic and environmental determinants of bitter perception and sweet preferences. *Pediatrics*, v. 115, n. 2, p. e216-e222, 2005. Disponível em: www.ncbi.nlm.nih.gov/pubmed/15687429.

O glutamato monossódico faz mal?

- GEHA, R. S. et al. Multicenter, double-blind, placebo-controlled, multiple-challenge evaluation of reported reactions to monosodium glutamate. *J. Allergy Clin. Immunol.*, v. 106, n. 5,

p. 973-80, 2000. Disponível em: www.ncbi.nlm.nih.gov/pubmed/11080723.

- RAITEN, D. J.; TALBOT, J. M.; FISHER, Kenneth D. (eds.). Executive summary from the report: analysis of adverse reactions to monosodium glutamate (MSG). *The Journal of Nutrition*, v. 125, n. 11, p. 2891E-2906E, 1995. Disponível em: https://academic.oup.com/jn/article-abstract/125/11/2891E/4730581?redirectedFrom=PDF.
- TARASOFF, L.; KELLY, M. F. Monosodium L-glutamate: a double-blind study and review. *Food and Chemical Toxicology*, v. 31, n. 12, p. 1019-1035, 1993. Disponível em: www.sciencedirect.com/science/article/pii/027869159390012N.
- U.S. FOOD & DRUG ADMINISTRATION. Questions and answers on monosodium glutamate (MSG). 2012. Disponível em: www.fda.gov/food/ingredientspackaginglabeling/foodadditivesingredients/ucm328728.htm.
- ZHOU, Y.; YANG, M.; DONG, B. R. Monosodium glutamate avoidance for chronic asthma in adults and children. *Cochrane Library*. 2012. Disponível em: http://onlinelibrary.wiley.com/doi/10.1002/14651858.CD004357.pub4/abstract.

Por que a canja é tão boa para a gripe?

- RENNARD, B. O. Chicken soup inhibits neutrophil chemotaxis in vitro. *Chest*, v. 118, n. 4, p. 1150-1157, 2000.

Disponível em: www.sciencedirect.com/science/article/pii/S0012369215377217.

- SAKETKHOO, K.; JANUSZKIEWICZ, A; SACKNER, M. A. Effects of drinking hot water, cold water, and chicken soup on nasal mucus velocidade e resistência ao fluxo de ar nasal. *Chest*, v. 74, n. 4, p. 408-410, 1978. Disponível em: www.ncbi.nlm.nih.gov/pubmed/359266.
- TROISI, J. D.; GABRIEL, S. Chicken soup really is good for the soul: 'comfort food' fulfills the need to belong. *Sage Journals*. 2011. Disponível em: https://journals.sagepub.com/doi/abs/10.1177/0956797611407931.

Por que a cobertura do muffin é melhor que o resto?

- GONZÁLEZ-MATEO, S.; GONZÁLEZ-SAN JOSÉ, M. L.; MUÑIZ, P. Presence of Maillard products in Spanish muffins and evaluation of colour and antioxidant potential. *Food and Chemical Toxicology*, v. 47, n. 11, p. 2798-2805, 2009. Disponível em: www.sciencedirect.com/science/article/pii/S0278691509004037.
- SINHA, N. *Handbook of food products manufacturing*, 2 v. 2007. Disponível em: https://books.google.com.mx/books?hl=en&lr=&id=mnh6aoI8iF8C&oi=fnd&pg=PA279&dq=maillar-

d+muffin&ots=EXOsk4Bqto&sig=sGXehu3U-fQWurOBS4OEoRdeJNA#v=onepage&q=maillard&f=false.

- THORVALDSSON, K.; SKJÖLDEBRAND, C. Water diffusion in bread during baking. *LWT — Food Science and Technology*, v. 31, n. 7-8, p. 658-663, 1998. Disponível em: www.sciencedirect.com/science/article/pii/S0023643898904273.

Parte 3: Natureza

Quem é melhor: o cão ou o gato?

- BBC. Cats v dogs: which is best, episódio 2. 2018. Disponível em www.bbc.co.uk/programmes/b070ndj2.
- BRADSHAW, J. *Cat sense: how the new feline science can make you a better friend to your pet.* Basic Books, 2013. Disponível em: www.amazon.com/Cat-Sense-Feline-Science-Better/dp/0465031013/ref=sr_1_1?ie=UTF8&qid=1389568682&sr=81&keywords=Cat+sense. VITALE, Kristyn R. Shrevea; MEHRKAMB, Lindsay R.; UDELL, Monique A. R. Social interaction, food, scent or toys? A formal assessment of domestic pet and shelter cat (Felis silvestris catus) preferences. *Behavioural Processes*, v. 141, n. 3, p. 322-328, 2017. Disponível em: www.sciencedirect.com/science/article/abs/pii/S0376635716303424.

- GARTNER, M. C.; POWELL, D. M.; WEISS, A. Personality structure in the domestic cat (Felis silvestris catus), Scottish wildcat (Felis silvestris grampia), clouded leopard (Neofelis nebulosa), snow leopard (Panthera uncia), and African lion (Panthera leo): a comparative study. *Journal of Comparative Psychology*, v. 128, n. 4, p. 414-426, 2014. Disponível em: www.research.ed.ac.uk/portal/files/17472323/Personality_Structure_in_the_Domestic_Cat.pdf.
- HU, Y. Early evidence for commensal processes of cat domestication. *Proceedings of the National Academy of Science of the United States of America*, v. 111 n. 1, p. 116-120, 2013. Disponível em: www.pnas.org/content/111/1/116.short.
- JARDIM-MESSEDER, D. et al. Dogs have the most neurons, though not the largest brain: trade-off between body mass and number of neurons in the cerebral cortex of large carnivoran species. *Front. Neuroanat.*, v. 11, n. 118, 2017. Disponível em: www. frontiersin.org/articles/10.3389/fnana.2017.00118/full.
- MONTAGUE, M. J. et al. Comparative analysis of the domestic cat genome reveals genetic signatures underlying feline biology and domestication. *Proceedings of the National Academy of Science of the United States of America*, v. 111, n. 48, p. 17230-17235, 2014. Disponível em: www.pnas.org/content/111/48/17230.full.

Quais são os efeitos da luz artificial na biodiversidade?

- DOMINONI, D. M.; PARTECKE, J. Does light pollution alter daylength? A test using light loggers on free-ranging European blackbirds (Turdus merula). *Philosophical Transactions of the Royal Society B*, v. 370, n. 1667, 2015. Disponível em: www.ncbi.nlm.nih.gov/pmc/articles/PMC4375360.
- FALCHI, F. et al. Limiting the impact of light pollution on human health, environment and stellar visibility. *Journal of Environmental Management*, v. 92, n. 10, p. 2714-2722, 2011. Disponível em: https://doi.org/10.1016/J.JENVMAN.2011.06.029.
- GASTON, K. J. A green light for efficiency. *Nature*, v. 497, p. 560-561, 2013. Disponível em: https://doi.org/10.1038/497560a.
- HAIM, A.; ZUBIDAT, A. E. Artificial light at night: melatonin as a mediator between the environment and epigenome. *Philosophical Transactions of the Royal Society B*, v. 370, n. 1667, 2015. Disponível em: https://doi.org/10.1098/rstb.2014.0121.
- INTERNATIONAL DARK SKY ASSOCIATION. Disponível em: www.darksky.org.
- LEWANZIK, D.; VOIGT, C. C. Artificial light puts ecosystem services of frugivorous bats at risk. *Journal of Applied Ecology*, v. 51, n. 2, p. 388-394, 2014. Disponível em: https://doi.org/10.1111/1365-2664.12206.

- RICH, C.; LONGCORE, Travis. Artificial Night Lighting, Washington, Island Press, 2006.

Por que há pardais aonde quer que eu viaje?

- MARTIN II, L. B.; FITZGERALD, L. A taste for novelty in invading house sparrows, Passer domesticus. *Behavioral Ecology*, v. 16, n. 4, p. 702-707, 2005. Disponível em: https://academic.oup.com/beheco/article/16/4/702/214695.
- MONAHAN, W. B.; TINGLEY, M. W. Niche tracking and rapid establishment of distributional equilibrium in the house sparrow show potential responsiveness of species to climate change. *Plos One*. 2012. Disponível em: https://journals.plos.org/plosone/article?id=10.1371/journal.pon.0042097.

Os cães pensam?

- ANDREWS, K. *Animal cognition*. Stanford Encyclopedia of Philosophy, 2008. Disponível em: https://plato.stanford.edu/entries/cognition-animal.
- ERDÖHEGYI, Á. et al. Dog-logic: inferential reasoning in a two-way choice task and its restricted use. *Animal Behaviour*, v. 74, n. 4, p. 725-737, 2007. Disponível em: www.sciencedirect.com/science/article/pii/S0003347207002126.

As plantas têm consciência?

- CHAMOVITZ, D. A. Plants are intelligent; now what?. *Nature Plants*, v. 4, p. 622-623, 2018. Disponível em: www.nature.com/artigos/s41477-018-0237-3.
- GAGLIANO, M. et al. Experience teaches plants to learn faster and forget slower in environments where it matters. *Oecology*, v. 175, n. 1, p. 63-72, 2014. Disponível em: https://link.springer.com/article/10.1007/s00442-013-2873-7.
- GAGLIANO, M. et al. Learning by association in plants. *Scientific Reports*, v. 6, 2016. Disponível em: www.nature.com/artigos/srep38427.
- GAGLIANO, M.; MANCUSO, S.; ROBERT, D. Towards understanding plant bioacoustics. *Spotlight*, v. 17, n. 6, p. 323-325, 2012. Disponível em: www.cell.com/trends/plant-science/fulltext/S1360-1385(12)00054-4.

Por que a chuva tem cheiro tão bom?

- BEAR, I. J.; THOMAS, R. G. Nature of argillaceous odor. *Nature*, v. 201, n. 4923, p. 993-995, 1964. Disponível em: https://chemport.cas.org/cgi-bin/sdcgi?APP=ftslink&action=reflink&origin=npg&version=1.0&coi=1:CAS:528:DyaF2cXnsVCmsg%3D%3D&pissn=0028-0836&pyear=1965&md5=e69431f269998ab0b70dd6759a53d72c.

- JOUNG, Y. S.; BUIE, C. R. Aerosol generation by raindrop impact on soil. *Nature Communications*, v. 6, artigo 6083, 2015. Disponível em: www.nature.com/articles/ncomms7083.

As abelhas têm uma linguagem?

- LANDGRAF, T. Analysis of the waggle dance motion of honeybees for the design of a biomimetic honeybee robot. *Plos One*. 2011. Disponível em: https://journals.plos.org/plosone/article?id=10.1371/journal.pone.0021354.
- MUNZ, T. The dancing bees: Karl von Frisch and the discovery of the honeybee language. University of Chicago Press, 2016. Disponível em: www.amazon.com/Dancing-Bees-Discovery-HoneybeeLanguage/dp/022602086X.
- RILEY, J. R. et al. The flight paths of honeybees recrutations by the waggle dance. *Nature*, v. 435, p. 205-207, 2005. Disponível em: https:/www.nature.com/articles/nature03526.
- VON FRISCH, K. *The dancing bees: an account of the life and senses of the honey bee*. Brace Harcourt (org.), 1953. Disponível em: www.amazon.com/dancing-bees-account-senses-honey/dp/B0007DP13Q.

Por que não se podem prever terremotos?

- HAUKSSON, E.; GODDARD, J. G. Radon earthquake precursor studies in Iceland. *Journal of Geophysical Research*, v. 86, p. 7037-7054, 1981.
- HOUGH, S. E. *Predicting the unpredictable: the tumultuous science of earthquake prediction*. Princeton University Press, 2016. Disponível em: www.amazon.com/PredictingUnpredictable-Tumultuous-Earthquake-Prediction/dp/0691173303.
- MCKENNA, P. Why earthquakes are hard to predict. *New Scientist*. 2011. Disponível em: www.newscientist.com/article/dn20243-why-earthquakes-are-ard-hard-to-predict.
- SCHAAL, R. B. An evaluation of the animal-behavior theory for earthquake prediction. *California Geology*, v. 41, n. 2, 1988. Disponível em: www.fc.up.pt/pessoas/csvascon/iapg-pns/CG.pdf.
- TIAMPO, K. F. et al. Pattern dynamics and forecast methods in seismically active regions. *Pure and Applied Geophysics*, v. 159, n. 10, p. 2429-2467, 2002. Disponível em: https://link.springer.com/article/10.1007/s00024-002-8742-7.

Como as plantas seguem o Sol?

- FANKHAUSER, C.; CHRISTIE, J. M. Plant phototropic growth. *Current Biology*, v. 25, n. 9, p. R384-R389, 2015. Disponível em: www.sciencedirect.com/science/article/pii/S0960982215003358.

- LISCUM, E. Phototropism: growing towards an understanding of plant movement. *American Society of Plant Biologists*, 2014. Disponível em: www.plantcell.org/content/26/1/38.

Alguns animais podem detectar doenças nas pessoas?

- ELLIKER, K. R. et al. Key considerations for the experimental training and evaluation of cancer odour detection dogs: lessons learnt from a double-blind, controlled trial of prostate cancer detection. *BMC Urology*, v. 14, p. 22, 2014. Disponível em: https://bmcurol.biomedcentral.com/articl en/10.1186/1471-2490-14-22.
- MOSERA, E.; MCCULLOCH, M. Canine scent detection of human cancers: a review of methods and accuracy. *Journal of Veterinary Behavior*, v. 5, n. 3, p. 145-152, 2010. Disponível em: www.sciencedirect.com/science/article/pii/S155878781000003 1?-via%3Dihub.
- WELLS, D. L. Domestic dogs and human health: an overview. *British Journal of Health Psychology*, v. 12, n. 1, p. 145-156, 2007. Disponível em: https://onlinelibrary.wiley.com/doi/abs/10.1348/135910706X103284.
- WILLIAMS, Gareth et al. Non-invasive detection of hypoglycaemia using a novel, fully biocompatible and patient frien-

dly alarm system. *BMJ*, v. 321, p. 1565, 2000. Disponível em: www.bmj.com/content/321/7276/1565.

- WILLIS, C. M. Olfactory detection of human bladder cancer by dogs: proof of principle study. *BMJ*, v. 329, p. 712, 2004. Disponível em: www.bmj.com/content/329/7468/712?ehom_.

A chuva remove a poluição?

- ARDON-DRYER K.; HUANG Y. W.; CZICZO, D. J. Laboratory studies of collection efficiency of sub-micrometer aerosol particles by cloud droplets on a single-droplet basis. *Atmosfera. Chem. Phys.*, v. 15, p. 9159-9171, 2015. Disponível em: www.atmos-chem-phys. net/15/9159/2015/acp-15-9159-2015.html.
- BLANCO-BECERRA, L. C.; GÁFARO-ROJAS, A. I.; ROJAS--ROA, N. Y. Influencia del efecto barrido en la relación PM2.5/PM10 en la localidad de Kennedy de Bogotá, Colombia. *Rev. Fac. Ing. Univ. Antioquia*, n. 76. Disponível em: www.scielo.org.co/scielo.php?pid=S0120-62302015000300007&script=sci_arttext&tlng=pt.
- FENG, X.; WANG, S. Influence of different weather events on concentrations of particulate matter with different sizes in Lanzhou, China. *J. Environ. Ci. (China)*, v. 24, n. 4, p. 665-74, 2012. Disponível em: www.ncbi.nlm.nih.gov/pubmed/22894101.

Café é bom para as plantas?

- CHALKER-SCOTT, L. Borras de café — eles vão se animar com as plantas?. *Master Gardener*, p. 3-4, 2009. Disponível em: https://s3.wp.wsu.edu/uploads/sites/403/2015/03/coffee-grounds.pdf.

Por que algumas pessoas se parecem com seus cachorros?

- COREN, S. Do people look like their dogs?, *Anthrozoös A Multidisciplinary Journal of The Interactions of People & Animals*, v. 12, n. 2, p. 111-114, 1999. Disponível em: www.researchgate.net/publication/233685914_Do_People_Look_Like_Their_Dogs.
- NAKAJIMA, S. Dogs and owners resemble each other in the eye region. *Anthrozoös. A Multidisciplinary Journal of The Interactions of People & Animals*, v. 26, n. 4, p. 551-556, 2013. Disponível em: www.tandfonline.com/doi/abs/10.2752/175303713X13795775536093.
- PAYNE, C.; JAFFE, K. Self seeks like: many humans choose their dog pets by rules used for assortative mating. *Journal of Ethology*, v. 23, n. 1, p. 15-18, 2005. Disponível em: https://link.springer.com/article/10.1007/s10164-004-0122-6.
- ROY, M. M.; NICHOLAS, J. S. C. Do dogs resembles resemble their owners?. *Psychological Science*, v. 15, n. 5, 2004.

Disponível em: https://journals.sagepub.com/doi/abs/10.1111/j.09567976.2004.00684.x.

- STIEGER, S.; VORACEK, M. Not only dogs resembles like their owners, cars do too. *Swiss Journal of Psychology*, v. 73, p. 111-117, 2014. Disponível em: https://econtent.hogrefe.com/doi/abs/10.1024/1421-0185/a000130?journalCode=sjp.

Que relação tem o calor com o mau desempenho no trabalho?

- DE DEAR, R.; BRAGER, G. S. Developing an adaptive model of thermal comfort and preference. *ASHRAE Transactions*, v. 104, n. 1, p. 145-167, 1998. Disponível em: https://escholarship.org/uc/item/4qq2p9c6.
- GEGGEL, L. Why does being in the heat make us feel tired us? *Live Science*. 2017. Disponível em: www.livescience. com/60116-why-heat-makes-you-feel-tired.html.
- SUDARSHAN, A. et al. The impact of oemperature on productivity and labor supply — evidence from Indian manufacturing. *Working Papers*, v. 244, Centre for Development Economics, Delhi School of Economics. 2015. Disponível em: https://ideas.repec.org/p/cde/cdewps/244.html.

Parte 4: Evolução

Por que os dinossauros foram extintos?

- ÁLVAREZ, L. W. et al. Extraterrestrial cause for the cretaceous-tertiary extinction: experimental results and theoretical interpretation. *Science*, v. 208, n. 4448, p. 1095-1108, 1980. Disponível em: https://websites.pmc.ucsc.edu/~pkoch/EART_206/09-0305/Alvarez%20et%2080%20Science%20208-1095.pdf.
- BENSON, Roger B. J. et al. Rates of dinosaur body mass evolution indicate 170 million years of sustained ecological innovation on the avian stem lineage. *Plos Biology Journal*. 2014. Disponível em: https://journals.plos.org/plosbiology/article?id=10.1371/journal.pbio.1001853.
- MILNER, A. C.; WALSH, S. A. Avian brain evolution: new data from Palaeogene birds (Lower Eocene) from England. *Zoological Journal of the Linnean Society*, v. 155, n. 1, p. 198-219, 2009. Disponível em: https://academic.oup.com/zoolinnean/article/155/1/198/2674320.
- SCHOENE, B. et al. (2015), U-Pb geochronology of the Deccan Traps and relation to the end-Cretaceous mass extinction. *Science*, v. 347, n. 6218, p. 182-184, jan. 2015. Disponível em: http://science. sciencemag.org/content/347/6218/182.

Por que só temos pelos em determinadas partes do corpo?

- AMARAL, L. Q. Perda de pelos corporais, bipedalidade e termorregulação: comentários sobre artigos recentes. *Journal of Human Evolution*, v. 30, p. 357-366, 1996. Disponível em: www.amazon.com/Apes-Human-Evolution-Russell-Tuttle/dp/0674073169/ref=sr_1_1_1?creativeASIN=0674073169&linkCode=w61&imprToken=7fq5GrykWX5d27Re.kPf2A&slotNum=0&ie=UTF8&qid=1429574831&sr=8-1&keywords=Apes+and+Humano+Evolução&tag=w050b-20.
- JABLONSKI, N. G. *Skin: a natural history*. University of California Press, 2006. Disponível em: https://books.google.com.mx/books?id=EYi9S3VtIGsC&pg=PP13&redir_esc=y#v=onepage&q&f=false.
- ROGERS, A. R.; ILTIS, D.; WOODING, S. Genetic variation at the MC1R locus and the time since loss of human body hair. *Current Anthropology*, v. 45, n. 1, p. 105-108, 2004. Disponível em: www.journals.uchicago.edu/doi/abs/10.1086/381006.
- WHEELER, P. E. The evolution of bipedality and loss of functional body hair in hominids. *Journal of Human Evolution*, v. 13, n. 1, p. 91-98, 1984. Disponível em: www.sciencedirect.com/science/article/pii/S0047248484800792.

Houve sexo entre os humanos e os neandertais?

- DANNEMANN, Michael; ANDRÉS, Aida M.; e KELSO, Janet. Introgression of Neandertal- and Denisovan-like haplotypes contributes to adaptive variation in human toll-like receptors. *AJHG*, v. 98, n. 1, p. 22-33, 2016. Disponível em: www.cell.com/ajhg/fulltext/S0002-9297(15)00486-3.
- DESCHAMPS, M. Genomic signatures of selective pressures and introgression from archaic hominins at human innate immunity genes, *AJHG*, v. 98, n. 1, p. 5-21, 2016. Disponível em: www.cell.com/ajhg/fulltext/S0002-9297(15)00485-1.
- SIMONTI, C. N. The fenotypic legacy of admixture between modern humans and Neandertals. *Science*, v. 351, n. 6274, p. 737-741, 2016. Disponível em: http://science.sciencemag.org/content/351/6274/737.full.
- VILLANEA, F. A.; SCHRAIBER, Joshua G. Multiple episodes of interbreeding between Neanderthal and modern humans. *Nature Ecology & Evolution*, v. 3, p. 39-44, 2019. Disponível em: www. nature.com/articles/s41559-018-0735-8.

Por que a pele fica arrepiada?

- BENEDEK, M.; KAERNBACH, C. Physiological correlates and emotional specificity of human piloerection. *Biological Psycho-*

logy, v. 86, n. 3, p. 320-329, 2011. Disponível em: www.sciencedirect.com/science/article/pii/S0301051111000093.

- CAMPBELL, N. A.; MITCHELL, L. G.; REECE ADDISON, J. B. *Biology: concepts and connections*, 3. ed. (adendo por Charles H. Voss, 2006). Wesley Longman. 2000. Disponível em: http://textaddons.com/uploads/5_11_Biology_Concepts___ Connections_2000.pdf.

Viemos dos macacos?

- KIRK, E. C. Characteristics of crown primates. *Nature Education Knowledge*, v. 4, n. 8, p. 3, 2013. Disponível em: www.nature.com/scitable/scowledge/library/characteristics-of-crownprimates-105284416.
- PATTERSON, N. et al. Genetic evidence for complex speciation of humans and chimpanzees. *Nature*, v. 441, p. 1103-1108, 2006. Disponível em: www.nature.com/articles/nature04789.
- SLICOX, M. T. Primate origins and the plesiadapiforms. *Nature Education Knowledge*, v. 5, n. 3, p. 1, 2014. Disponível em: www.nature.com/scitable/scowledge/library/primate-origins-and-theplesiadapiforms-106236783.

Para que serve o apêndice?

- DARWIN, C. *El orígen del hombre*, 1871.
- LAURIN, M.; EVERETT, M. L.; PARKER, W. The cecal appendix: one more immune component whit a function disturbed by post-industrial culture. *The Anatomical Record*, v. 294, p. 567579, 2011. Disponível em: https://onlinelibrary.wiley.com/doi/epdf/10.1002/ar.21357.
- SMITH, H. F. et al. Multiple independent appearances of the cecal appendix in mammalian evolution and an investigation of related ecological and anatomical factors. *Comptes Rendus Palevol*, v. 12, n. 6, p. 339-354, 2013. Disponível em: www.sciencedirect. com/science/article/pii/S1631068312001960.

Por que o soluço ocorre?

- FRIEDMAN, N. L. Hiccups: a treatment review, American College of Clinical Pharmacy. *Pharmacotherapy*, v. 16, n. 6, p. 986995, 1996. Acesso em: https://accpjournals.onlinelibrary.wiley.com/doi/abs/10.1002/j.18759114.1996.tb03023.x.
- STRAUS C. et al. A phylogenetic hypothesis for the origin of hiccough. *BioEssays*, v. 25, n. 2, p. 182-188, 2003. Disponível em: http://onlinelibrary.wiley.com/doi/10.1002/bies.10224/abstract.

Por que os bebês são tão dependentes?

- PIANTADOSI, S. T.; KIDD, C. Extraordinary intelligence and the care of infants. *Proceedings of the National Academy of Science of the United States of America*, v. 113, n. 25, p. 6874-6879, 2016. Disponível em: http://www.pnas.org/content/113/25/6874.full.

Parte 5: Mais duas de quebra

O que é o efeito placebo?

- BENEDETTI, F. et al. Neurobiological mechanisms of the placebo effect. *Journal of Neuroscience*, v. 25, n. 45, p. 10390-10402, 2005. Disponível em: http://www.jneurosci.org/content/25/45/10390.short.
- COLLOCA L. et al. Overt versus covert treatment for pain, anxiety, and Parkinson's disease, Lancet Neurol. v. 3, n. 11, p. 679-684, 2004. Disponível em: www.ncbi.nlm.nih.gov/pubmed/15488461.
- HARVARD HEALTH PUBLISHING. The power of the placebo effect: treating yourself with your mind is possible, but there is more to it than positive thinking. 2017. Disponível em: www.health.harvard.edu/mental-health/the-power-of-the-placebo-effect.

- MILLER, F. G.; KAPTCHUK, T. J. The power of context: reconceptualizing the placebo effect. *Journal of the Royal Society of Medicine*, v. 101, n. 5, 2008. Disponível em: https://journals.sagepub.com/doi/full/10.1258/jrsm.2008.070466.
- NATIONAL INSTITUTE OF DRUG ABUSE. Opioids. Disponível em: www.drugabuse.gov/drugs-abuse/opioids.
- VANCE, E. Suggestible you: the curious science of your brain's ability to deceive, transform, and heal. 2016. Disponível em: www.amazon.com/Suggestible-You-Curious-ScienceTransform/dp/1426217897.

Por que a roupa molhada muda de cor?

- LEKNER, J.; DORF, M. C. Why some things are darker when wet. *Applied Optics*, v. 27, n. 7, p. 1278-1280, 1988. Disponível em: www.osapublishing.org/ao/abstract.cfm?uri=ao-27-7-1278.